iPod + iTunes

Vierte Auflage

von Yvin Hei und Pieter van Groenewoud

übersetzt von Alexandra Brodmüller-Schmitz

Markt+Technik

Bibliografische Information Der Deutschen Bibliothek
Die Deutsche Bibliothek verzeichnet diese Publikation in der Deutschen
Nationalbibliografie; detaillierte bibliografische Daten sind im Internet
über <http://dnb.ddb.de> abrufbar.

Autorisierte Übersetzung der Niederländischen Originalausgabe
iPod + iTunes, ISBN 978-90-430-1583-7

Umwelthinweis:
Dieses Buch wurde auf chlorfrei gebleichtem Papier gedruckt.
Um Rohstoffe zu sparen, wurde auf Folienverpackung verzichtet.

10 9 8 7 6 5 4 3 2 1

10 09 08

ISBN 978-3-8272-4389-8
ISBN 978-3-8272-4395-8
ISBN 978-3-8272-4396-6

© 2008 by Markt+Technik Verlag,
ein Imprint der Pearson Education Deutschland GmbH,
Martin-Kollar-Straße 10–12, D-81829 München/Germany
Alle Rechte vorbehalten
Lektorat: Boris Karnikowski, bkarnikowski@pearson.de
Herstellung: Philipp Burkart, pburkart@pearson.de
Übersetzung: Alexandra Brodmüller-Schmitz, die-wortwerker.de
Korrektorat: Petra Kienle, Fürstenfeldbruck
Coverkonzept: webwo GmbH, Marco Lindenbeck, mlindenbeck@webwo.de
Satz: text&form GbR, Fürstenfeldbruck
Druck und Verarbeitung: Kösel, Krugzell (www.KoeselBuch.de)
Printed in Germany

Inhalt

● Einleitung

In den siebziger Jahren feierte der Walkman große Erfolge. Vor dieser Zeit war es unmöglich, immer und überall Musik zu hören. Es entstand ein neues Phänomen, überall liefen Menschen mit Kopfhörern herum. Der Walkman war hip. Weltweit wurden Millionen Walkmen verkauft. Als jedoch Ende der achtziger Jahre die Audio-CD auf den Markt kam, erkannten immer mehr Menschen die Vorteile digitaler Musik. Die Klangqualität ist hervorragend und der gewünschte Titel kann mühelos und schnell ausgewählt werden. Das bei Kassetten nötige Spulen gehörte damit der Vergangenheit an. Allerdings waren tragbare CD-Spieler teuer und hatten den Nachteil, dass es bei Erschütterungen zu Sprüngen in der Musik kam. Zudem waren die Geräte ziemlich groß und unhandlich.

Seit Einführung der CD 1981 versuchten verschiedene Hersteller, neue Tonträger zu entwickeln. So gab es DAT, DCC und MiniDisc. Keinem davon gelang der Durchbruch. Ende der neunziger Jahre gab es immer schnellere Internetverbindungen. Diese ermöglichten es, auch größere Datenmengen schnell über das Internet auszutauschen. Dank der MP3-Kompressionstechnik, die digitale Musikdaten auf ein Zehntel verkleinerte, erfreute sich Musik im Internet zunehmender Beliebtheit. Die Gewinne der Plattenfirmen gingen zurück, weil immer mehr Musik via Internet (illegal) ausgetauscht wurde. Die CD war nun kein Medium mehr, für das man in den Laden ging.

1962	Bell System beginnt mit der ersten digitalen Telefonübertragung.
1972	Nippon Columbia Company nimmt erstmals digitale Mastertapes auf.
1979	Der Walkman von Sony ist der erste tragbare Musik-Player.
1982	52nd Street von Billy Joel ist das erste auf CD veröffentlichte Album.
1988	Zum ersten Mal werden mehr CDs als LPs verkauft.
1989	Das Patent für MP3-Datenkompression wird beantragt.
1990	Einführung des DAT-Recorders (Digital Audio Tape)
1996	Das Fraunhofer-Institut stellt einen MP3-Encoder und -Spieler für Windows vor.
1999	Napster und andere Internetdienste ermöglichen den Austausch von MP3-Dateien.
2001	Apple bringt den iPod heraus. Die ersten CDs mit umstrittenem Kopierschutz erscheinen.
2003	Der iTunes Store wird in den USA eingeführt.
2005	Apple stellt iTunes 6 vor, das den Download von Videos gegen Bezahlung ermöglicht (vorerst nur in den USA).
2006	Apple stellt iTunes 7 vor.

Anfang 2001 stellt Apple den iPod vor – einen neuen tragbaren Musik-Player, bei dem die Musik auf einer eingebauten Festplatte gespeichert ist. Auf dem iPod lassen sich extrem viele Titel speichern. Je nach Modell können das derzeit bis zu 20.000 Titel sein. Unmittelbar nach der Einführung des iPod war für Apple klar, dass dieser ein Erfolg sein würde. Seither hat sich viel verändert. Platten-firmen erkannten eine neue Entwicklung: den Verkauf von Musik über das Inter-net. Seitdem können Sie über das Internet legal Musik erwerben, unter anderem im iTunes Store, dem Online-Musikvertrieb, in dem Sie Musik kaufen und diese direkt auf Ihren iPod übertragen können.

Da die Internetverbindungen derzeit schneller sind als je zuvor, sieht Apple eine große Zukunft für Videos. Auf iPods der fünften Generation können neben Musik auch Fotos und Videos wiedergegeben werden. Mittlerweile lassen sich Videos und Fernsehprogramme aus dem iTunes Store herunterladen. Da nicht mehr nur Musik in Apples Online-Vertrieb gekauft werden kann, wurde der Name Ende 2006 von iTunes Music Store in iTunes Store geändert.

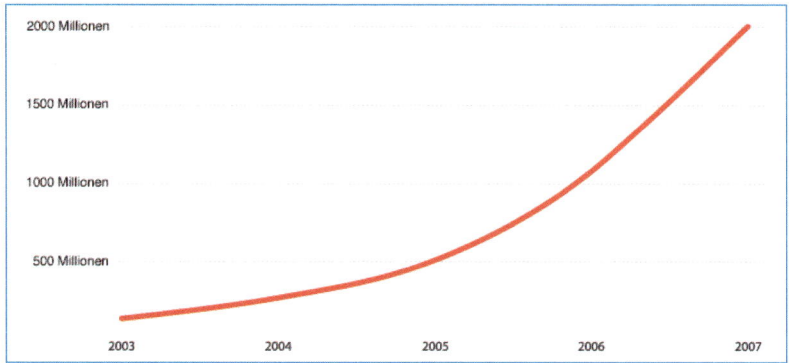

Anzahl verkaufter Titel aus dem iTunes Store (Quelle: www.apple.com)

Seit der Einführung des iPod wurden weltweit Millionen iPods verkauft. Die meis-ten dieser iPod-Nutzer kennen allerdings nur einen Bruchteil seiner Möglich-keiten. In diesem Buch erläutern wir so viele Funktionen des iPod wie möglich, sodass Sie in Zukunft noch mehr Spaß an Ihrem iPod haben. In den folgenden Kapiteln erfahren Sie alles über den iPod. Außerdem wird das Programm iTunes behandelt, welches Sie zum Übertragen von Musik von Ihrem Computer auf den iPod verwenden. Vom Importieren von Titeln bis zum Erstellen von Podcasts – mit diesem Buch werden Sie keine unangenehmen Überraschungen erleben.

iTunes ist kein einzelnes Programm. Arbeiten Sie auf einem Mac, kennen Sie wahrscheinlich das Programmpaket iLife. Diese Programme, die mit jedem neuen Apple-Computer ausgeliefert werden, sind eng miteinander verbunden. So ist es z.B. möglich, die Musik in iTunes direkt von iMovie und iDVD aus auf-zurufen, den Programmen, mit denen Sie Filme und DVDs erstellen. Wenn Sie iPhoto verwenden, um eine schöne *Slideshow* Ihrer digitalen Fotos zu erstellen, sorgt iTunes für die musikalische Untermalung.

Quicktime ist ebenfalls sehr wichtig für iTunes und von Apple für die Wiedergabe von Audio und Video entwickelt. Quicktime sitzt praktisch unter der Motorhaube von iTunes. Haben Sie Quicktime noch nicht auf Ihrem Computer installiert, geschieht dies automatisch bei der Installation von iTunes.

Worauf Sie in diesem Buch achten sollten

Das Programm iTunes ist sowohl für Mac- als auch für Windows-Anwender gedacht. Trotz der Unterschiede zwischen den beiden Plattformen ist iTunes unter Mac und unter Windows sehr ähnlich. Manche Menüs sind allerdings auf einem Windows-Rechner anders als die auf dem Mac. So heißt der Befehl zum Exportieren der Bibliothek auf dem Mac **Auf Sicherungsmedium sichern** und unter Windows **Sicherheitskopie auf Speichermedium**. Kein großer Unterschied, aber um Missverständnissen vorzubeugen, haben wir in diesem Buch Menübefehle für den Mac mit (M) und Befehle aus der Windows-Version von iTunes mit (W) gekennzeichnet.

Um anzuzeigen, dass ein Befehl Bestandteil eines bestimmten Menüs ist, verwenden wir in diesem Buch eine spezielle Darstellung. Anstelle von "Wählen Sie den Befehl **Bibliothek exportieren** aus dem Menü **Ablage**" haben wir uns für die kürzere Variante **Ablage/Bibliothek exportieren** entschieden. Zur Hervorhebung werden sowohl die Menüüberschriften als auch die enthaltenen Befehle fett formatiert dargestellt.

Die neueste Version von iTunes

iTunes ist auf jedem neuen Mac standardmäßig vorinstalliert und kann unter www.apple.com/itunes gratis heruntergeladen werden. Die Befehle, Funktionen und Abbildungen in diesem Buch beziehen sich auf iTunes Version 7. Verfügen Sie nicht über diese iTunes-Version, sondern über eine ältere, können Sie die neueste iTunes-Version über die Apple-Website herunterladen (siehe dazu weiter unten eine ausführlichere Erläuterung).

Da iTunes häufig um neue Funktionen erweitert wird, werden diese Neuerungen in Form von Updates angeboten. Sobald eine neue Programmversion verfügbar ist, erhalten Sie eine Meldung darüber. Folgen Sie den Anweisungen auf dem Bildschirm, um die neueste Version von iTunes herunterzuladen und zu installieren.

> **Beachten Sie:** Für den Download von Musik und Videos wird eine schnelle Internetverbindung benötigt. DSL- oder Kabelinternet werden empfohlen. Eine Musikdatei kann leicht einige MB groß sein. Das Herunterladen großer Dateien über eine analoge Internetverbindung würde sehr lange dauern.

iTunes installieren

Nachdem Sie die neueste Version von iTunes heruntergeladen haben, führen Sie einen Doppelklick auf das Installationsprogramm aus. Die Installation von iTunes ist selbst erklärend. Mit anderen Worten: Ein Installationsassistent führt Sie in einigen einfachen Schritten durch den Prozess. Auch Quicktime wird, sofern auf Ihrem Computer noch nicht vorhanden, automatisch installiert.

Wenn Sie iTunes zum ersten Mal starten (nachdem Sie die Lizenzvereinbarung gelesen und dieser zugestimmt haben), werden bereits auf der Festplatte Ihres Computers vorhandene Musikdateien automatisch übernommen.

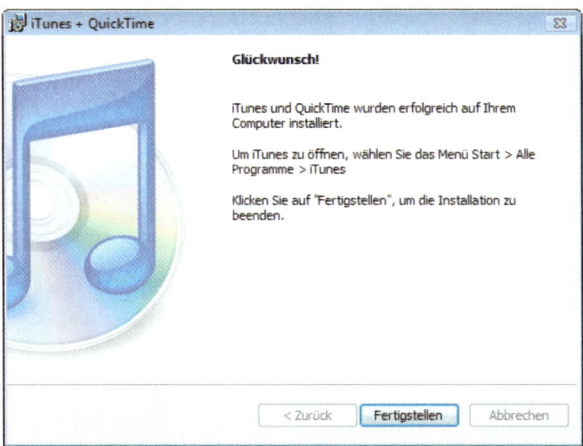

iTunes übernimmt während der Installation automatisch Musikdateien, die sich bereits auf dem Computer befinden.

In der Windows-Version von iTunes werden sogar WMA-Dateien (vom Windows Media Player) in das AAC-Format konvertiert, das Format, das der iPod versteht. WMA-Dateien können vom iPod nicht wiedergegeben werden.

Unterschiede zwischen Mac und Windows

Auch wenn die Unterschiede zwischen iTunes für den Mac und für Windows geringfügig sind, ist es nützlich, diese zu kennen. Die Abbildungen in diesem Buch wurden hauptsächlich auf dem Mac erstellt, wobei sich die Windows-Version kaum davon unterscheidet. Die Menübefehle befinden sich in iTunes für Windows im Fenster selbst, auf dem Mac dagegen immer am oberen Bildschirmrand. Die Schaltflächen zum Minimieren, Maximieren und Schließen eines Fensters finden Sie beim Mac links oben und unter Windows rechts oben. Zudem sehen einige Schaltflächen etwas anders aus, sie befinden sich im Allgemeinen jedoch an derselben Position in einem Fenster.

1

Der iPod

Er ist hip, sieht schick aus und ist zudem sehr praktisch. Wo und wann immer Sie möchten, können Sie damit Musik hören. Natürlich geht es um den iPod von Apple. Auf der Straße sieht man fast nur noch die typischen weißen Kopfhörer. Die Einführung des iPod machte Discman, Walkman und alle anderen tragbaren Abspielgeräte überflüssig. Dank der großen Speicherkapazität (Sie können derzeit bist zu 20.000 Titel auf einem iPod speichern) und des Benutzerkomforts, den Apple mit iTunes bietet, ist der iPod die Ikone der zeitgenössischen digitalen Medienwelt geworden.

Dank des iPod und einem Computer, auf dem iTunes installiert ist, haben zahlreiche Menschen ihre Musiksammlung neu entdeckt. Musik spielt in unserem Leben wieder eine viel größere Rolle. Durch die Integration von iPod und der heimischen Stereoanlage bzw. dem Auto hören wir überall unsere Lieblingstitel und nehmen große Mengen an Musik für unterwegs mit.

Obschon der Musik-Player von Apple immer iPod genannt wurde und wird, ist der Player seit seiner Einführung im Oktober 2001 deutlich verändert worden. Mehr Speicherkapazität sowie neue Funktionen, wie z.B. die Wiedergabe von Videos oder Internetradio, führten dazu, dass es inzwischen schon etwa zwanzig verschiedene iPod-Modelle gibt. Dieses Kapitel bietet eine Übersicht über die verschiedenen iPod-Modelle, die Apple in den letzten Jahren auf den Markt gebracht hat.

◉ Die alten iPods

Zunächst finden Sie im Folgenden die in den letzten Jahren veröffentlichten iPods von Apple in chronologischer Reihenfolge. Ab Seite 16 wird das aktuelle Sortiment beschrieben.

Die iPods der ersten Generation

Im Oktober 2001 kam der erste iPod auf den Markt. Auf der Festplatte konnten 5 GB Musik gespeichert werden. Das entspricht in etwa 1000 Songs, für die damalige Zeit eine beachtliche Menge. Um Musik auf den iPod zu übertragen, benötigte man ein FireWire-Kabel. Der erste iPod war nur mit Macintosh-Systemen nutzbar. Windows-Benutzer mussten sich noch etwas gedulden. Dank der treuen Apple-Benutzer wurde der iPod jedoch schnell zu einem großen Erfolg.

Die iPods der zweiten Generation

Im März 2002 brachte Apple zwei neue iPods heraus. Die Festplatte wurde auf 10 GB und kurz darauf sogar auf 20 GB vergrößert. Es waren zwei Versionen erhältlich: ein Modell, das nur mit dem Mac funktionierte, und ein Modell für Windows. Die Tatsache, dass Apple seine Produkte für die Windows (PC)-Plattform verfügbar machte, war ein wichtiger Schritt. Apple hatte sich nämlich immer gegen Microsoft Windows gesträubt. Indem der iPod für Windows-Benutzer nutzbar wurde, verlor er an Exklusivität. Letztlich war es für Apple jedoch ein sehr guter Schritt. Da Windows weltweit das meist verwendete Betriebssystem ist, wurden ab diesem Zeitpunkt wesentlich mehr iPods verkauft. Der Bekanntheitsgrad stieg enorm und Apple schrieb von diesem Moment an keine roten Zahlen mehr. Manche Stimmen behaupteten, dass der iPod Apple vor dem Untergang gerettet habe.

Der iPod der zweiten Generation ist dem der ersten Generation äußerlich gleich.

Die iPods der dritten Generation

Die iPods der dritten Generation wurden im April 2003 vorgestellt. Der iPod bekam ein völlig neues Design. iPods der dritten Generation waren an den vier kleinen runden Knöpfen zu erkennen, die sich unter dem Bildschirm befanden. Das Topmodell wurde mit einer 40 GB-Festplatte ausgestattet, auf der etwa 10.000 Titel gespeichert werden können. Im Laden musste man sich nicht mehr zwischen einem iPod für Mac oder für PC entscheiden. Jedes Modell arbeitete ab diesem Zeitpunkt sowohl mit Macs als auch mit PCs.

Bei den iPods der dritten Generation waren die wichtigsten Knöpfe (Wiedergabe/Pause, Vorwärts, Zurück und Menu) oberhalb des *Scrollrads* angeordnet. Der iPod ließ sich mit einer sanften Berührung bedienen. Die Knöpfe reagierten nur auf Fingerkontakt und nicht auf andere Objekte wie die Schutzhülle. Die Technologie ist dieselbe wie die eines Touchpad auf einem Notebook. Darauf können Sie durch Fingerbewegungen den Cursor auf dem Bildschirm steuern.

Der iPod der dritten Generation mit dem neuen Scrollrad

Der iPod mini

Der iPod mini erschien im Januar 2004 und war (wie der Name bereits vermu-
ten lässt) kleiner als alle bisher herausgebrachten iPods. Er war in verschiedenen Farben erhältlich: Silber, Grün, Gold, Blau und Pink. Der iPod mini erfreute
sich vor allem bei Frauen großer Beliebtheit. Er war anfangs nur mit einer 4 GB-
Festplatte erhältlich, später hatte man die Wahl zwischen 4 GB und 6 GB. Zudem
waren die Akkulaufzeit verbessert und die fröhlichen Farben etwas kräftiger. Der
iPod mini enthielt ein sogenanntes Microdrive, eine äußerst kleine Festplatte.
Zusätzlicher Vorteil war, dass diese Festplatten sehr stoßfest sind. Hierdurch war
der iPod mini auch bei Joggern beliebt. Im Click Wheel saßen auch die Menü-
tasten. Durch federleichtes Berühren dieser Tasten konnte man durch das Menü
navigieren. An der Unterseite befand sich der Dock-Anschluss. Hier konnten Sie
die optionale Basisstation (Dock) oder anderes Zubehör anschließen. Das Dock
stellt einen Bürostandard dar, der zur Stromversorgung, zur Synchronisation mit
dem Computer oder zum Anschließen einer Stereoanlage dienen kann. An den
iPod mini konnten nicht alle Zubehörteile angeschlossen werden. Einige blieben
den größeren (und teureren) iPods vorbehalten. Es war z.B. nicht möglich, einen
Mediareader oder ein Diktiergerät an den iPod mini anzuschließen.

Der iPod mini in vier fröhlichen Farben und Silber

Die iPods der vierten Generation

Kurz nach Einführung des iPod mini kamen die iPods der vierten Generation auf
den Markt, was der Geschäftsführer von Apple, Steve Jobs, in einem Interview
mit Newsweek ankündigte. Die bei den iPods der dritten Generation vorhandenen vier Knöpfe waren verschwunden. Auch diese iPods wurden mit dem Click
Wheel bedient, das wir bereits vom iPod mini kannten. Die iPods der vierten Generation waren mit 20 und 40 GB erhältlich. Zu dieser Zeit waren iPods immer
weiß, was sich mit dem Erscheinen des U2 iPod, einer *Special Edition,* die nach der
bekannten irischen Popgruppe benannt ist, änderte. Dieser iPod war sehr auf-

fallend, weil er in Schwarz erschien und auf der Rückseite die Unterschriften der Bandmitglieder eingraviert waren. Abgesehen von der Farbe und dem höheren Preis unterschied sich der U2 iPod nicht vom normalen iPod mit 20 GB.

Der iPod der vierten Generation mit einem Click Wheel

© Apple

Der iPod photo

Im Herbst 2004 wurde der iPod photo weltweit vorgestellt. Er hatte ein vollwertiges Farbdisplay, das neben dem Musikhören auch das Betrachten von Fotos auf dem iPod ermöglichte. Damit konnten Sie jederzeit auf Ihre Fotos zugreifen und ganze Diashows auf dem iPod betrachten. Sie konnten Ihre Fotobibliothek aus iPhoto (M), Photoshop Elements (W), Photoshop Album oder dem Verzeichnis **Eigene Bilder** mit dem iPod photo synchronisieren. Die Speicherkapazität wurde immer größer, der iPod photo war mit 20, 30, 40 und sogar 60 GB erhältlich.

© Apple

Der erste iPod mit Farbdisplay. Nehmen Sie jetzt auch Ihre Fotos mit!

iPod shuffle

Der iPod shuffle war nach seiner Einführung Anfang 2005 der meistgekaufte iPod. Er sah aus wie ein Päckchen Kaugummi. Dieser iPod hat (auch in der heutigen Version) kein Display und verdankt seinen Namen der Tatsache, dass Sie nicht wissen, welcher Titel gerade läuft. Man kann den iPod nämlich so einstel-

len, dass alle Songs durcheinander gemischt und in dieser Reihenfolge wiedergegeben werden (Shuffle-Status). So ist es immer überraschend, welchen Titel
man zu hören bekommt. Die Musik wird einfach auf den iPod übertragen, indem
Sie diesen mit einem USB-Anschluss Ihres Computers verbinden. Das Einstiegs-
modell hatte eine Speicherkapazität von 512 MB, ein weiteres Modell verfügte
mit 1 GB über doppelt so viel Speicherplatz. Der iPod shuffle ist wegen seines
äußerst geringen Gewichts und der Verwendung eines sogenannten *Flashdrive*
(ein Flash-basierter Speicher) vor allem bei sportlichen Menschen beliebt. Das
heißt, der Speicher im iPod shuffle enthält keine beweglichen Teile und ist damit
absolut unempfindlich gegen Erschütterungen.

Der kleine iPod shuffle

© Apple

iPod nano

Der iPod nano war der flachste und leichteste iPod aller Zeiten. Der iPod war so
klein, dass man sich fragt, wie es möglich sein kann, dass er so viel Musik speichern konnte. Beim iPod nano hat Apple eine Speichertechnik eingesetzt, die
wir vom iPod shuffle kennen. Dank dieser Technologie war der iPod nicht nur
hauchdünn geworden, sondern er hatte den zusätzlichen Vorteil, dass er bei der
Wiedergabe nicht sprang. Dadurch, dass der iPod nano so dünn war, war er allerdings auch besonders empfindlich. Apple hatte dadurch für (negative) Schlag-
zeilen gesorgt, außerdem sollte der iPod zu leicht verkratzen. Apple gab diesen
Fehler mehr oder weniger zu. Daher wurde der iPod nano bald mit einer Schutzhülle ausgeliefert, wodurch er weniger schnell verkratzte. Dank des kleinen, aber
feinen Farbdisplays konnten auch Fotos betrachtet werden. Der iPod nano war in
Weiß und Schwarz erhältlich. Man konnte zwischen einer Speicherkapazität von
2 GB und 4 GB wählen.

© Apple

Der superflache iPod nano

iPod shuffle der zweiten Generation

Bei den meisten iPod-Modellen kommt von Zeit zu Zeit eine neuere Version auf den Markt, so auch beim iPod shuffle. Das neue Modell ist sogar noch viel kleiner als das vorherige. Durch den integrierten Clip kann man den iPod shuffle direkt an der Kleidung befestigen. Ebenso wie das Vorgängermodell hat die neue Version immer noch kein Display. So bleibt es also überraschend, welcher Titel abgespielt wird. Es wird ein kleines Dock mitgeliefert, um den iPod shuffle über USB an den Computer anzuschließen. Auf den neuen iPod shuffle passt 1 GB Musik, was in etwa 200 Songs entspricht. Der iPod shuffle ist in den gleichen fröhlichen Farben erhältlich, die wir vom iPod mini aus dem Jahr 2004 kennen.

© Apple

Der iPod shuffle der zweiten Generation in tatsächlicher Größe

iPod nano der zweiten Generation

Auch aus dem iPod nano machte Apple ein völlig neues Modell. Dieses hatte nun ein Gehäuse aus Aluminium, was der Kratzbeständigkeit absolut zugute kam. Durch das Alugehäuse konnte Apple den iPod nano in verschiedenen Farben herausbringen. Insofern erinnerte der iPod nano stark an den iPod mini. Die Batterielaufzeit wurde auf bis zu 24 Stunden verlängert, womit der iPod nano die längste Laufzeit von allen iPod-Modellen bot. Zudem war das Display etwas heller, was das Betrachten von Fotos selbst auf dem kleinen Display zu einem wahren Genuss machte. Dank neuer iPod-Software war es nun auch möglich, Musik wiederzufinden, indem der Name eines Titels oder des Interpreten per Click Wheel eingegeben wurde.

© Apple

Der neue iPod nano in den Farben, die wir vom iPod mini kennen

15

Der iPod der fünften Generation

Wenn Sie damals viel speichern wollten, landeten Sie automatisch beim großen iPod, hier in der fünften Generation. Neben Musik konnten Sie auf diesem Modell Fotos und Videos (!) betrachten. Der iPod hatte ein großes, helles Farbdisplay. Wenn Sie Videos wiedergeben wollten, konnten Sie mit dem mitgelieferten Programm iTunes MPEG4-Videodateien auf den iPod übertragen. Sogar ganze DVDs ließen sich auf den iPod bringen. Natürlich konnten Sie auch Ihre Fotosammlung auf dem iPod betrachten. Dank der neuen Software ließen sich sogar anspruchsvolle Spiele wie Poker, Tetris und Sudoku auf dem iPod spielen. iPods der fünften Generation waren in Schwarz oder Weiß und mit einer Festplatte von 30 GB oder 80 GB erhältlich.

Der iPod der fünften Generation hatte ein größeres Farbdisplay und war noch flacher als der iPod photo.

© Apple

◎ Die neuen iPods

Apple bringt in regelmäßigen Abständen neue iPod-Modelle heraus – einerseits, um der Konkurrenz voraus zu sein, andererseits, um Innovationen und neue Technologien in das Sortiment zu integrieren. Mit der Einführung neuer iPods wird die Produktion älterer Modelle der iPod-Linie meist eingestellt. Daher sind ältere iPods ab der Einführung eines neuen Modells in den Läden und im Internet nicht mehr erhältlich. Nachfolgend finden Sie eine Übersicht der aktuellen Modelle. Natürlich können in der Zwischenzeit bereits neuere Modelle herausgekommen sein, so schnell kann's gehen!

Der iPod nano der dritten Generation

Ende des Sommers 2007 brachte Apple wieder eine neue Version des iPod nano heraus. Jetzt noch kleiner, aber mit der Fähigkeit, außer Musik und Fotos auch Videos wiederzugeben. Das Display ist zwar etwas kleiner als beim iPod video, aber durch die hohe Auflösung (die Anzahl der Pixel) ist es ein Genuss, unterwegs ein Filmchen zu betrachten.

Diese Version des iPod nano ist mit 4 und 8 GB Speicherkapazität verfügbar. Und da Apple mit neuen Farben in den Herbst gehen wollte, haben sowohl der iPod nano als auch der iPod shuffle andere als die bis dahin gewohnten Farben erhalten, nämlich Grün und Blau. Grau und Schwarz bleiben ebenfalls erhältlich. Zudem sind beide iPods als (PRODUCT) RED herausgekommen, was bedeutet, dass beim Kauf 10 Dollar an den *Global Fund* zur Bekämpfung von AIDS in Afrika weitergegeben werden.

Neu in der Steuerung des iPod nano der dritten Generation ist *Cover Flow*. Diese Art, durch die Musiksammlung zu blättern, kennen wir schon aus iTunes, aber jetzt können Sie auch auf dem iPod selbst durch die Albumcover der Musiktitel blättern.

© Apple

Auf dem iPod nano können Sie jetzt auch Videos wiedergeben.

Der iPod classic

Apple fand, dass der „originale" iPod, wie wir ihn seit der ersten Generation kennen, den Zusatz *classic* erhalten sollte, obwohl der im August 2007 herausgebrachte iPod classic sich durch seine Formgebung nicht sehr stark vom iPod der fünften Generation unterscheidet. Das Gehäuse ist jetzt komplett aus Aluminium und die Speicherkapazitäten sind drastisch erhöht (der iPod classic ist mit 80 und 160 GB erhältlich). Ein weiterer Pluspunkt ist, dass diese iPods noch flacher sind.

Die Farben des iPod classic sind das bekannte Schwarz und jetzt auch Silber (mit weißem Click Wheel). In der Bedienung finden wir das bekannte Cover Flow wie auch auf dem iPod nano der dritten Generation.

Mit dem iPod classic werden standardmäßig drei Spiele ausgeliefert, iQuiz, Solitär und Vortex. Daneben stehen im iTunes Store, natürlich gegen Bezahlung, weitere Spiele zum Download bereit.

Der hervorragend gestaltete iPod classic

Der iPod touch

Mit dem iPod touch erschien ein völlig neues iPod-Modell. Deutlich vom iPhone inspiriert, enthält der iPod touch ein völlig berührungssensitives Display. Die einzige vorhandene Taste ist die sogenante „Home"-Taste. Alle anderen Funktionen erreichen Sie, indem Sie den Bildschirm mit dem Finger berühren.

Der iPod touch ist mit nur acht Millimetern äußerst flach. Erhältlich mit Speicherkapazitäten von 8 bis 32 GB, bietet dieser iPod die Möglichkeit, Musik, Fotos und natürlich Videos zu speichern. Durch die *Multi-Touch*-Technologie zur Bedienung des iPod touch ist das Blättern durch Ihre Sammlung eine echte Sensation.

Das ist jedoch noch nicht alles! Der iPod touch wurde von Apple mit einer Wi-Fi-Verbindung ausgestattet, das heißt, dass Sie zu Hause, aber auch unterwegs über sogenannte Hotspots ins Internet kommen. Der iPod touch hat nämlich einen echten Browser an Bord. Des Weiteren können Sie direkten Zugang zur Online-Video-Bibliothek von YouTube erhalten und über den iTunes Wi-Fi Music Store direkt Musik in Apples Music Store kaufen.

Auch die Batterielaufzeit des iPod touch ist (trotz des großen Bildschirms) beeindruckend: bis zu 22 Stunden Musik hören und bis zu fünf Stunden Videos wiedergeben. Des Weiteren synchronisiert der iPod touch auch alle Kontaktdaten von Familie und Freunden und gegebenenfalls Ihren Kalender vom Computer.

© Apple

Der völlig neue iPod touch. Dank Multi-Touch können Sie jetzt richtig durch Ihre Musiktitel blättern.

Das iPhone

Nach jahrelangen Spekulationen war es Anfang Januar 2007 endlich so weit: Apple stellte das iPhone vor – ein iPod, der nicht nur für Musik gemacht ist, sondern mit dem man auch telefonieren und sogar ins Internet gehen kann. iPod-Fans sahen dieses *gadget* nur allzu gerne, denn mit dem iPhone müssen sie tatsächlich nur ein Gerät einpacken, um alles Mögliche damit tun zu können.

Da das iPhone drahtlose Datenübertragung unterstützt, kann man an sogenannten *Hotspots* ins Internet gehen und seine E-Mails lesen. Zudem finden Sie im iPhone eine kleine Kamera mit zwei Megapixel zum Fotografieren und das Programm *Google Maps* ist installiert. Das weist Ihnen z.B. den Weg zum nächsten Restaurant oder Hotel.

In Deutschland wird das iPhone mit verschiedenen Tarifpaketen exklusiv seit November 2007 von T-Mobile angeboten. Die Mindestvertragslaufzeit beträgt zwei Jahre, das Einsteigerpaket schlägt derzeit mit 49 € monatlich zu Buche.

© Apple

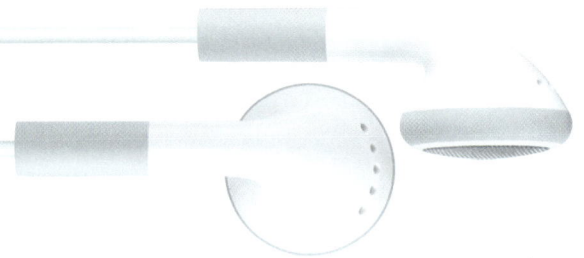

Weiße Kopfhörer

Ab der ersten Generation des iPod sind die Kopfhörer weiß. Einer der Gründe dafür ist die Farbe des iMac, dem Desktopcomputer von Apple. Als der iPod herauskam, waren diese Computer grundsätzlich weiß. Auch das iBook, der Laptopcomputer von Apple, war damals grundsätzlich weiß. Nur die professionelleren Computer von Apple, der PowerMac und das PowerBook, haben ein Aluminiumgehäuse und daher eine silbrige Farbe.

Die lustigen Farben des iPod mini haben wir dem noch älteren iMac zu verdanken. Der iMac G3 war vor 2001 in verschiedenen Farben erhältlich. Diese Idee wurde später beim iPod mini aufgegriffen.

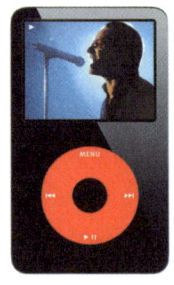

Die neueste Generation iPods, der iPod nano und der iPod video, sind auch in Schwarz erhältlich. Allerdings sind das nicht die ersten iPods, die in Schwarz herauskamen. Im Herbst 2004 ging Apple mit einem iPod U2 Special Edition auf den Markt. Dieser iPod war schwarz und hatte ein rotes Click Wheel. Auf der Rückseite waren die Unterschriften der Bandmitglieder der bekannten irischen Band eingraviert.

Im Oktober 2006 brachte Apple einen iPod nano (PRODUCT) RED heraus. Der iPod ist komplett rot. Pro verkauftem Gerät (das 4 oder 8 GB speichert), spendet Apple 10 Dollar an die AIDS-Stiftung *Global Fund*, um im Kampf gegen AIDS in Afrika zu helfen. Mehrere große Firmen wie Motorola und American Express brachten rote Produkte für diesen guten Zweck heraus.

Der iPod U2
Special Edition
und der iPod nano
(PRODUCT) RED

Die Accessoires für den iPod sind jedoch immer weiß geblieben, so zum Beispiel die Kopfhörer, das Dock und die Kabel. Nur für die iPod U2 Special Edition gab es ein schwarzes Dock. Alle anderen (farbigen) iPods müssen mit weißen Zubehörteilen vorlieb nehmen.

2

iTunes im Überblick

iTunes ist eine sogenannte *Jukebox*, das heißt, dass das Programm die Musik auf Ihrem Computer in der von Ihnen festgelegten Reihenfolge abspielen kann. Aber auch eine Wiedergabe in völlig willkürlicher Reihenfolge ist möglich. iTunes ist sowohl für den PC als auch für den Mac gratis unter www.apple.com/de/itunes/download erhältlich (weitere Informationen finden Sie auf Seite 8 und 146). Sie benötigen iTunes, um Musik auf Ihren iPod zu übertragen. Zudem ist iTunes besonders dazu geeignet, Audio-CDs in Dateien umzuwandeln, die der iPod wiedergeben kann, wie z.B. MP3 oder AAC. Auch wenn Sie keinen iPod besitzen, iTunes ist ein sehr praktisches und schönes Programm für Musikfans.

Mit den neueren Versionen von iTunes können wie mit dem iPod sogar Videos und Videoclips wiedergegeben werden, da immer mehr Anwender Filme und Clips aus dem Internet herunterladen. In diesem Kapitel erläutern wir die Basisfunktionen von iTunes, wie Sie Musik importieren, Musik sortieren und auf den iPod übertragen können.

◎ Das iTunes-Fenster

Sobald Sie iTunes aufrufen, öffnet sich das Programm in einem einzigen Fenster. Links sehen Sie die Wiedergabelisten und rechts die Titel der gesamten Bibliothek oder einer bestimmten Wiedergabeliste. Der graue Bereich im oberen Teil des Fensters enthält die Steuerelemente für die Wiedergabe, den Lautstärkeregler, ein Informationsfeld mit dem aktuellen Titel, drei Tasten zur Anpassung der Darstellung und ein Suchfeld.

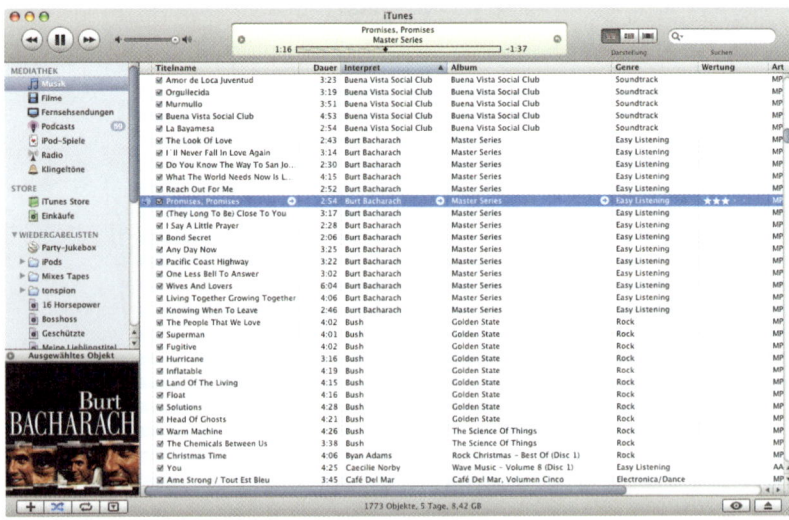

Das Fenster von iTunes ist übersichtlich. Links befinden sich die Wiedergabelisten und rechts die Titel.

Wiedergabe und Pause

Die Hauptfunktion eines Programms wie iTunes ist natürlich die Musikwiedergabe. Links oben im iTunes-Fenster finden Sie Steuerelemente für die Wiedergabe, die Sie wahrscheinlich vom CD-Player kennen: Schalter für Wiedergabe und Pause sowie links und rechts davon die Schalter für Zurück und Weiter. Zum Starten und Unterbrechen können Sie auch die Leertaste Ihrer Tastatur drücken sowie die Tasten [←] und [→] für Zurück und Weiter.

Links oben finden Sie die Steuerelemente für Wiedergabe und Pause, rechts davon den Lautstärkeregler. Ziehen Sie den Schiebregler von links nach rechts, um die Lautstärke zu erhöhen.

Die Liste Quelle

Links im iTunes-Fenster finden Sie die Liste **Quelle**. Darin befindet sich eine Art Ordner, mit dem Sie leicht die Übersicht über eine große Musiksammlung behalten. Außerdem finden Sie eine Verbindung zum iTunes Store und Ihr iPod erscheint, sobald Sie diesen anschließen.

In der **Bibliothek** bzw. **Mediathek** finden Sie Musik, Filme, Fernsehsendungen, Podcasts (Seite 125), Hörbücher, iPod-Spiele sowie Radioprogramme (Seite 97) und Klingeltöne.

Unter **Store** können Sie Musik im iTunes Store kaufen. Unter **Einkäufe** befinden sich alle Titel, die Sie bereits gekauft haben (Seite 113).

Haben Sie einen iPod angeschlossen oder eine Musik-CD eingelegt, erscheinen diese unter **Geräte**.

Alle **Wiedergabelisten** erscheinen unten in der Spalte, zuerst die Party-Jukebox (Seite 96), dann die intelligenten Wiedergabelisten (Seite 86) und die einfachen Wiedergabelisten (Seite 82).

Das Fenster im Überblick

Musik wiedergeben oder
anhalten, Seite 44

Lautstärkeregler

Verändern Sie die Informationen
in diesem Fenster, Seite 28.

Eine Verknüpfung zum
iTunes Store, Seite 109

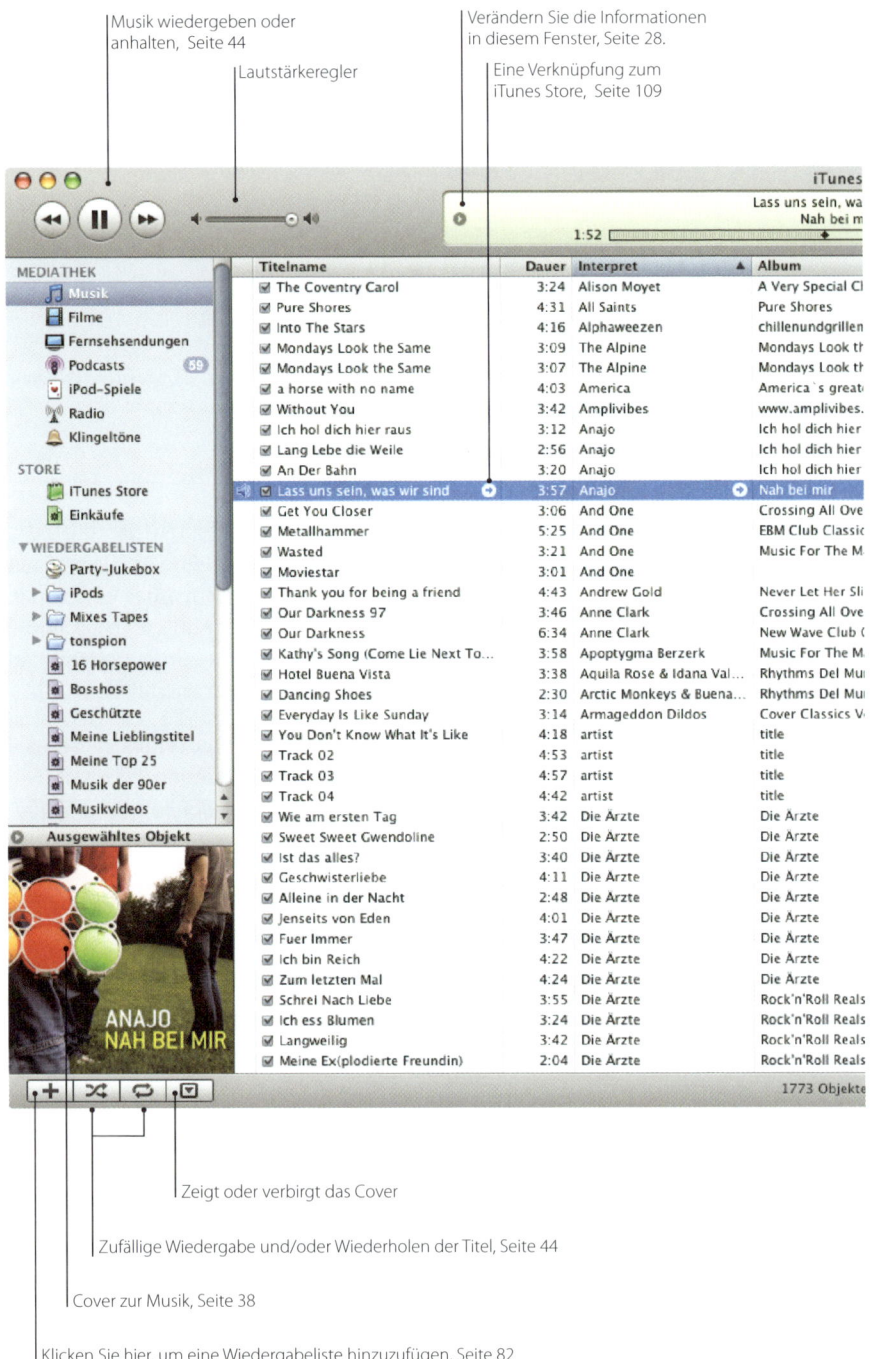

Zeigt oder verbirgt das Cover

Zufällige Wiedergabe und/oder Wiederholen der Titel, Seite 44

Cover zur Musik, Seite 38

Klicken Sie hier, um eine Wiedergabeliste hinzuzufügen, Seite 82

Klicken Sie auf die Spalten, um die Titel zu sortieren, Seite 47.

Klicken Sie hier, damit iTunes direkt den aktuellen Titel in der Liste anzeigt.

Drei verschiedene Arten, durch Ihre Musiksammlung zu blättern, Seite 38

Musik suchen, Seite 48

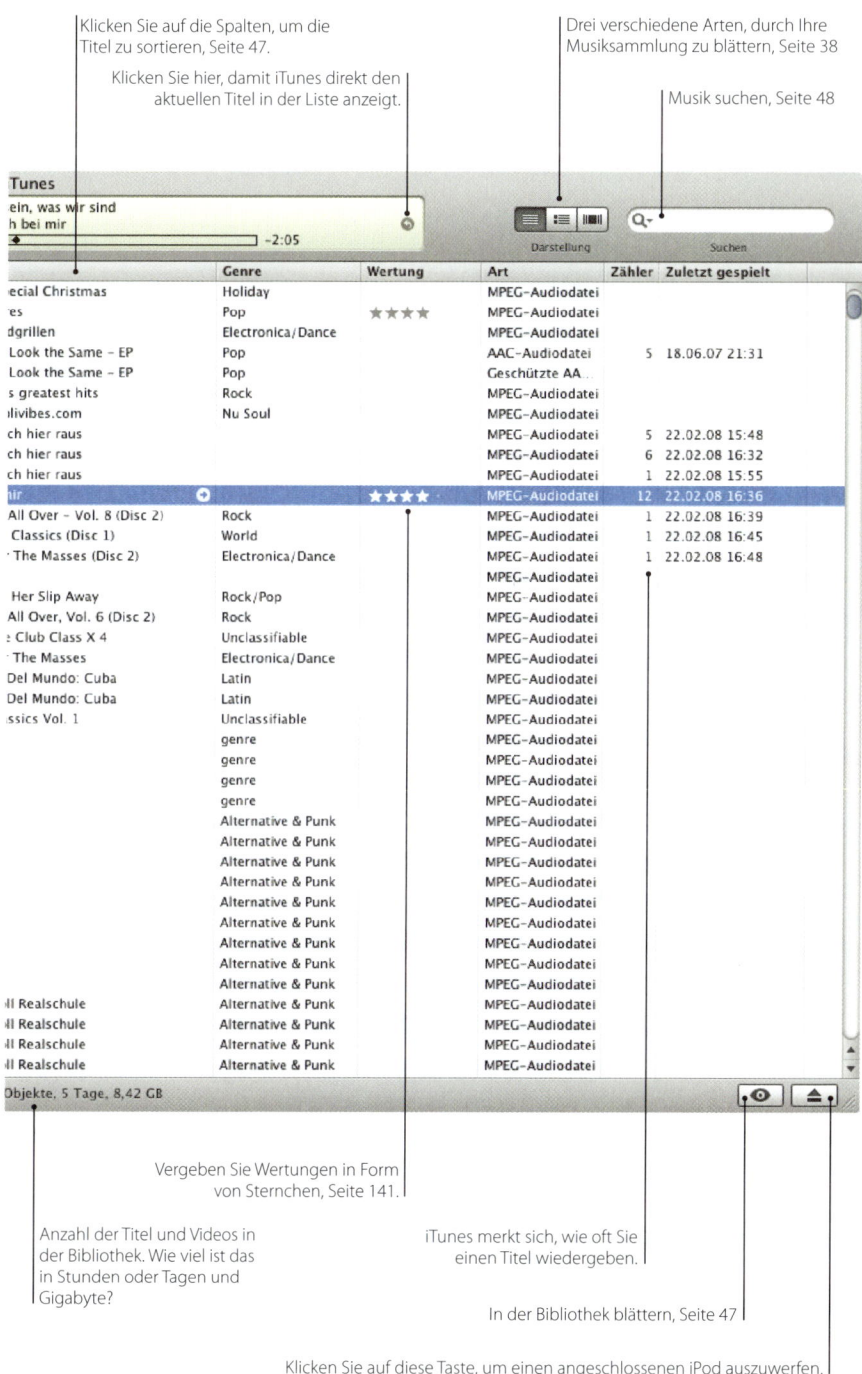

	Genre	Wertung	Art	Zähler	Zuletzt gespielt
ecial Christmas	Holiday		MPEG-Audiodatei		
es	Pop	★★★★	MPEG-Audiodatei		
dgrillen	Electronica/Dance		MPEG-Audiodatei		
Look the Same – EP	Pop		AAC-Audiodatei	5	18.06.07 21:31
Look the Same – EP	Pop		Geschützte AA...		
s greatest hits	Rock		MPEG-Audiodatei		
llivibes.com	Nu Soul		MPEG-Audiodatei		
ch hier raus			MPEG-Audiodatei	5	22.02.08 15:48
ch hier raus			MPEG-Audiodatei	6	22.02.08 16:32
ch hier raus			MPEG-Audiodatei	1	22.02.08 15:55
hir		★★★★	MPEG-Audiodatei	12	22.02.08 16:36
All Over – Vol. 8 (Disc 2)	Rock		MPEG-Audiodatei	1	22.02.08 16:39
Classics (Disc 1)	World		MPEG-Audiodatei	1	22.02.08 16:45
The Masses (Disc 2)	Electronica/Dance		MPEG-Audiodatei	1	22.02.08 16:48
			MPEG-Audiodatei		
Her Slip Away	Rock/Pop		MPEG-Audiodatei		
All Over, Vol. 6 (Disc 2)	Rock		MPEG-Audiodatei		
e Club Class X 4	Unclassifiable		MPEG-Audiodatei		
The Masses	Electronica/Dance		MPEG-Audiodatei		
Del Mundo: Cuba	Latin		MPEG-Audiodatei		
Del Mundo: Cuba	Latin		MPEG-Audiodatei		
ssics Vol. 1	Unclassifiable		MPEG-Audiodatei		
	genre		MPEG-Audiodatei		
	genre		MPEG-Audiodatei		
	genre		MPEG-Audiodatei		
	genre		MPEG-Audiodatei		
	Alternative & Punk		MPEG-Audiodatei		
	Alternative & Punk		MPEG-Audiodatei		
	Alternative & Punk		MPEG-Audiodatei		
	Alternative & Punk		MPEG-Audiodatei		
	Alternative & Punk		MPEG-Audiodatei		
	Alternative & Punk		MPEG-Audiodatei		
	Alternative & Punk		MPEG-Audiodatei		
	Alternative & Punk		MPEG-Audiodatei		
ll Realschule	Alternative & Punk		MPEG-Audiodatei		
ll Realschule	Alternative & Punk		MPEG-Audiodatei		
ll Realschule	Alternative & Punk		MPEG-Audiodatei		
ll Realschule	Alternative & Punk		MPEG-Audiodatei		

Objekte, 5 Tage, 8,42 GB

Vergeben Sie Wertungen in Form von Sternchen, Seite 141.

Anzahl der Titel und Videos in der Bibliothek. Wie viel ist das in Stunden oder Tagen und Gigabyte?

iTunes merkt sich, wie oft Sie einen Titel wiedergeben.

In der Bibliothek blättern, Seite 47

Klicken Sie auf diese Taste, um einen angeschlossenen iPod auszuwerfen.

Der Mini-Player

Arbeiten Sie gerade am Computer und möchten Sie das große iTunes-Fenster nicht immer im Bild haben, aber trotzdem von einem Titel zum anderen wechseln können? Klicken Sie einfach auf die Erweiterungstaste oder drücken Sie die Tastenkombination ⌃-⌘-Z (M). Wählen Sie unter Windows **Erweitert/Zum Miniplayer wechseln** (oder Strg-M). Das Fenster verwandelt sich in einen Mini-Player, der die wichtigsten Elemente enthält: Wiedergabe, Zurück und Weiter, Lautstärke sowie Informationen zum aktuellen Titel.

Die Erweiterungstaste auf dem Mac

Verwenden Sie den Mini-Player beim Arbeiten als Fernbedienung für iTunes.

Verschwindet der Mini-Player manchmal hinter einem anderen Fenster und Sie finden das unpraktisch? Wählen Sie **iTunes/Einstellungen** (M) oder **Bearbeiten/Einstellungen** (W) und klicken Sie auf **Erweitert**. Klicken Sie dann auf **Allgemein** und markieren Sie das Feld **MiniPlayer immer im Vordergrund halten** (M) bzw. **MiniPlayer ist immer das oberste Fenster**.

Eine Musik-CD wiedergeben

Wenn Sie am Computer arbeiten, möchten Sie im Hintergrund vielleicht Musik hören. Sie können natürlich eine Musik-CD in das CD-Laufwerk des Computers einlegen, die daraufhin abgespielt wird. Dazu benötigen Sie ein Programm. Auf Windows-PCs ist standardmäßig der Windows Media Player installiert, der Musik-CDs abspielt, sobald Sie diese einlegen. Auf einem Mac ist standardmäßig iTunes installiert, das beim Einlegen einer Musik-CD genauso funktioniert wie der Windows Media Player. Wenn Sie einen iPod besitzen und diesen mit Musik füllen möchten, benötigen Sie iTunes. iTunes kann Musik-CDs nicht nur wiedergeben, sondern diese auch importieren. Das ist praktisch, denn wenn sich die Musik einmal auf Ihrem Computer befindet, müssen Sie die Musik-CD zur Wiedergabe nicht erneut einlegen, da sich die Dateien bereits auf der Festplatte befinden.

Wenn Sie eine Musik-CD in den Computer eingelegt haben, erscheint diese in iTunes. (Lesen Sie den folgenden Abschnitt „Windows und Musik-CDs", wenn Sie einen Windows-PC benutzen.) Die Musik-CD erscheint in der linken Spalte (Quelle). Sind Sie mit dem Internet verbunden, sucht iTunes automatisch die Titel, den Interpreten und das Album aus einer Datenbank. Der Windows Media

Player macht das auch. So müssen Sie diese Informationen nicht manuell einfügen.

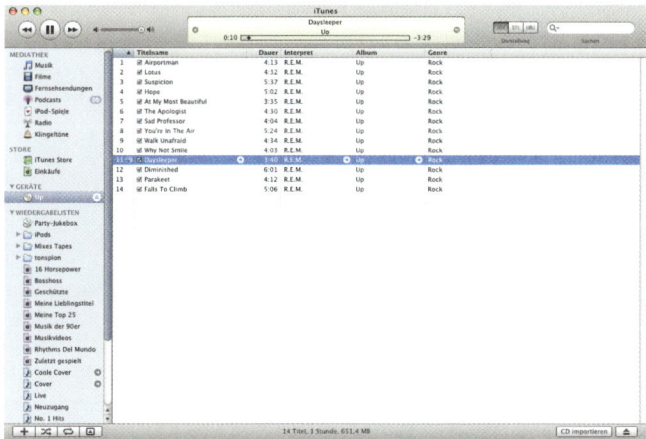

Die CD Up bei der Wiedergabe

Klicken Sie in der linken Spalte auf die CD, die Sie in den Computer eingelegt haben, und anschließend links oben in die Wiedergabetaste. Die CD wird abgespielt. Klicken Sie auf das Symbol **Auswerfen** rechts neben dem Namen der CD, um diese wieder aus dem Computer zu entfernen.

Klicken Sie hier, um den ausgewählten Titel wiederzugeben.

Unterbrechen Sie die Wiedergabe eines Titels.

Stoppen Sie den aktuellen Titel. Diese Taste ist selten zu sehen.

Windows und Musik-CDs

Jedes Mal, wenn Sie eine Musik- oder Audio-CD in das Laufwerk eines Windows-PCs einlegen, erscheint ein Fenster mit der Frage, was mit der CD passieren soll. Haben Sie iTunes auf Ihrem Windows-PC installiert, können Sie **Audio-CD abspielen mit iTunes** wählen. Die CD wird daraufhin in iTunes wiedergegeben. Wählen Sie **Titel anzeigen mit iTunes**, startet iTunes und die Musik-CD wird sichtbar, jedoch nicht sofort wiedergegeben. Diese Option ist praktisch, wenn Sie z.B. einzelne Titel von einer CD importieren möchten. Eine weitere Option ist **Titel importieren mit iTunes**. iTunes startet dann sofort mit dem Importieren.

Markieren Sie das Feld **Immer für Enhanced Audio-CDs durchführen**, wird Windows eingelegte Musik-CDs immer in iTunes öffnen und die angegebene Aktion ausführen.

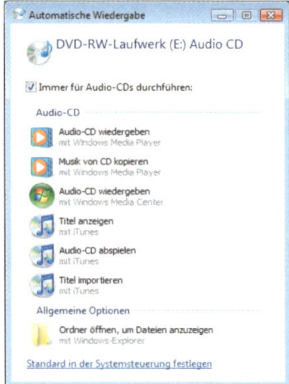

Geben Sie unter Windows an, wie der Computer mit Audio-CDs umgehen soll.

Das Informationsfenster

Mittig im oberen Bereich des iTunes-Fensters befindet sich die Anzeige mit verschiedenen Informationen zum aktuellen Musiktitel.

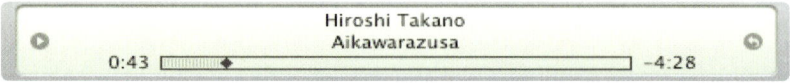

Hier gibt die Anzeige den Titel des Stücks sowie den Namen des Interpreten und des Albums an.

Klicken Sie in den Namen des Interpreten, um den Namen des Albums zu sehen. Ein erneuter Klick bringt den Namen des Interpreten zurück.

Ziehen Sie den rautenförmigen Wiedergabeanzeiger von links nach rechts, um sich schnell innerhalb eines Titels zu bewegen.

Klicken Sie auf den kleinen gebogenen Pfeil auf der rechten Seite, zeigt iTunes den aktuellen Titel in der Bibliothek an. Das ist praktisch, wenn Sie weitere Informationen zu einem Titel sehen möchten. Klicken Sie in die Zeit rechts von der Fortschrittsanzeige, um dort die Gesamtdauer des Titels anzuzeigen. Klicken Sie erneut, erscheint die verbleibende Zeit des Titels (am Minuszeichen zu erkennen).

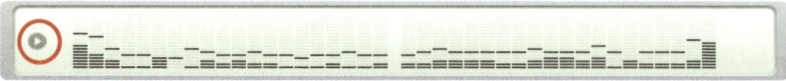

Klicken Sie auf das Dreieck auf der linken Seite, sehen Sie Balken, die angeben, welche Lautstärke bestimmte Frequenzen in der Musik haben.

Visuelle Effekte

In iTunes wurden tolle visuelle Effekte integriert. Betrachten Sie diese als Bild-
schirmschoner, dessen Farben und Formen je nach Tempo und Lautstärke der
Musik variieren. Wählen Sie **Darstellung/Visuelle Effekte aktivieren** (M) oder
Anzeigen/Visuelle Effekte einblenden (W).

Wenn die visuellen Effekte aktiviert sind, können Sie die Tastenkombination
⌘-F (M) oder Strg-T (W) verwenden, um die Effekte bildschirmfüllend darzustellen. Mit der Taste Esc kehren Sie wieder zum iTunes-Fenster zurück.

Weitere Optionen

Während der Wiedergabe der visuellen Effekte können Sie mit bestimmten
Tasten einzelne verborgene Einstellungen verändern:

B - Lässt das Apple-Logo erscheinen oder verschwinden.

F - Zeigt die Bildrate, d.h. die Geschwindigkeit der Effekte an.

C - Zeigt den Namen des aktuellen Effekts an.

Z - Ändert die Farben des aktuellen Effekts.

R - Ändert die Art des Effekts.

Weitere visuelle Effekte

In iTunes können auch weitere visuelle Effekte installiert werden, die Sie in
großer Zahl zum Download im Internet finden. Suchen Sie z.B. in Google nach
„visual effects itunes plug-in". Die Treffer zeigen viele verschiedene Websites, die
kostenlose und kostenpflichtige *Plug-ins* für iTunes anbieten.

Musik importieren

Durch den Erfolg der CD seit den achtziger Jahren hat inzwischen jeder stapelweise CDs. Jetzt lassen sich alle diese CDs auf den Computer und damit auf den iPod übertragen und Sie müssen keine CD-Taschen mehr irgendwohin mitnehmen, sondern haben Ihre gesamte Musik in der Hosentasche.

Natürlich können Sie auch Musik aus dem Internet herunterladen. Weitere Informationen dazu finden Sie in Kapitel 6, das den iTunes Store, Apples Musikangebot im Internet, zum Thema hat.

Manche nennen es Importieren, andere *Rippen*. In beiden Fällen geht es darum, Musik-CDs mithilfe von iTunes auf die Festplatte des Computers zu bringen.

1. Legen Sie die Musik-CD, die Sie mit iTunes importieren möchten, in das CD Laufwerk Ihres Computers ein.

2. Sofern iTunes noch nicht geöffnet ist, geschieht dies jetzt automatisch.

3. Die CD erscheint im Quellenbereich. Wenn Sie mit dem Internet verbunden sind, erscheinen automatisch die korrekten Informationen (Titel, Interpret und Albumtitel) der CD. Markieren Sie die Musik-CD in der Liste, wird diese schwarz hinterlegt dargestellt.

4. Klicken Sie auf **CD importieren** in der rechten unteren Ecke des iTunes-Fensters.

5. iTunes kopiert daraufhin alle Titel der Musik-CD auf die Festplatte des Computers.

6. Klicken Sie jetzt im Quellenbereich in **Musik**, sehen Sie, wie die Titel der Musik-CD nach und nach erscheinen.

7. Nachdem der Import abgeschlossen ist, erklingt ein Tonsignal. Alle Titel der CD befinden sich jetzt auf Ihrer Festplatte und in iTunes unter **Musik**.

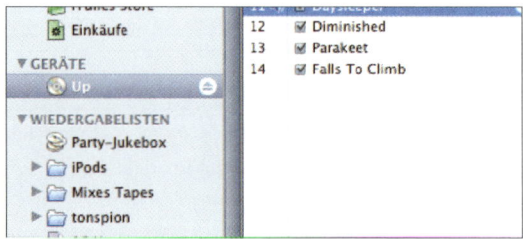

Die Musik-CD erscheint in der Liste Quelle.

Während des Imports zeigt iTunes an, wie weit dieser fortgeschritten ist.

Natürlich können Sie auch eine ganze Reihe Einstellungen vornehmen, wie z.B. das Dateiformat, in dem die Musik importiert wird. Weiter unten in diesem Kapitel werden erweiterte Importeinstellungen behandelt.

Titel zum Import auswählen

Klicken Sie auf die Felder vor den Titeln, um diese für den Import auszuwählen oder auszuschließen. Ist ein Titel nicht mit einem Häkchen versehen, wird dieser nicht in iTunes importiert. Deaktivieren Sie die Auswahl z.B. für Titel, die Ihnen nicht gefallen oder die Sie bereits importiert haben.

Sampler importieren

Häufig sind auf Musik-CDs Titel verschiedener Interpreten vertreten. Wenn Sie eine solche CD importieren, unterscheidet iTunes durchaus nach Interpret, gibt die CD aber als Ganzes wieder. Die Titel des Albums bleiben daher immer fein säuberlich untereinander stehen. So entsteht in der Bibliothek keine Ansammlung einzelner Titel einzelner Interpreten.

Live-Alben importieren

Sie kennen sicher auch CDs, die aus einem einzigen Stück zu bestehen scheinen, eigentlich jedoch einzelne Titel enthalten. Das ist häufig bei live aufgenommenen Alben oder House-Remixes der Fall. Seit der neuen iTunes-Version (Version 7) werden derartige Alben ohne Überblendungen oder störende Pausen wiedergegeben, so dass der Live-Sound erhalten bleibt. Es ist daher nicht nötig, aber möglich, in iTunes anzugeben, dass Sie ein bestimmtes Album zusammenhängend importieren möchten. Das schnelle Ansteuern vorheriger bzw. folgender Einzeltitel des Albums ist dann allerdings nicht mehr möglich.

1. Markieren Sie die Titel, die Sie zusammenhängend importieren möchten (halten Sie die ⇧-Taste gedrückt, um mehrere Titel auf einmal auszuwählen).

2. Wählen Sie **Erweitert/CD-Titel gruppieren**.

3. Klicken Sie auf **CD importieren**, um die Titel in einem Stück in iTunes zu importieren.

Möchten Sie die Titel zu einem späteren Zeitpunkt voneinander trennen, markieren Sie den gruppierten Titel in der Bibliothek und wählen Sie **Erweitert/ Gruppierung der CD-Titel aufheben** (M) oder **Erweitert/Gruppierung von CD-Titeln aufheben** (W). Beachten Sie, dass einzeln importierte Titel im Nachhinein nicht mehr gruppiert werden können.

7	☑ ┌ Until I Met You	4:55	Various Artists
8	│ Autumn Leaves	5:24	Various Artists
9	└ Summertime	3:19	Various Artists

iTunes zeigt gruppierte Titel mit einer eckigen Klammer an.

Musik von der Festplatte importieren

Es kann natürlich auch sein, dass sich bereits Musik auf der Festplatte Ihres Computers befindet, die Sie in iTunes importieren möchten. Auch das ist in iTunes ein Kinderspiel. Wahrscheinlich befindet sich diese Musik bereits in einem Ordner, der möglicherweise Unterordner enthält. Sie müssen nur diesen Ordner angeben, so dass iTunes die gesamte Musik aus dem Ordner und den Unterordnern in die iTunes-Bibliothek übernimmt.

1. Wählen Sie **Ablage/Zur Bibliothek hinzufügen** (M) oder **Datei/Ordner zur Bibliothek hinzufügen** (W).

2. Steuern Sie im folgenden Dialogfenster den Ordner an, in dem sich die Musik befindet. Unterordner müssen nicht separat angeben werden, der übergeordnete Ordner reicht aus. iTunes sucht nun alle Musikdateien aus dem Ordner und übernimmt diese in die Bibliothek.

3. Haben Sie die Titel mit Namen, Interpret und Alben versehen (z.B. im Windows Media Player), übernimmt iTunes diese einfach, so dass diese Informationen auch in der Bibliothek erscheinen.

4. Da der iPod keine WMA-Dateien (häufig für Musik auf Windows-PCs verwendet) wiedergeben kann, werden Dateien dieses Formats von der Windows-Version von iTunes automatisch konvertiert. Die Mac-Version kann das (leider) nicht, Mac-Benutzer werden jedoch auch kaum WMA-Dateien auf Ihrem Computer haben.

5. Nachdem iTunes den Import der Titel abgeschlossen hat, können diese abgespielt werden. Besitzen Sie einen iPod, können Sie die Titel auch auf dem iPod wiedergeben (auch wenn es ursprünglich WMA-Dateien waren).

Wo speichert iTunes die Titel?

Sobald Sie Titel von Musik-CDs oder anderen Quellen importieren, speichert iTunes diese in einem bestimmten Ordner. Dieser Ordner hat standardmäßig den Namen **iTunes Music** und befindet sich auf beiden Plattformen im Ordner **Musik/iTunes**. Sie können den Speicherort des Ordners jedoch in den iTunes-

Einstellungen verändern. Wählen Sie **iTunes/Einstellungen** (M) oder **Bearbeiten/Einstellungen** (W) und klicken Sie in **Erweitert** und **Allgemein**.

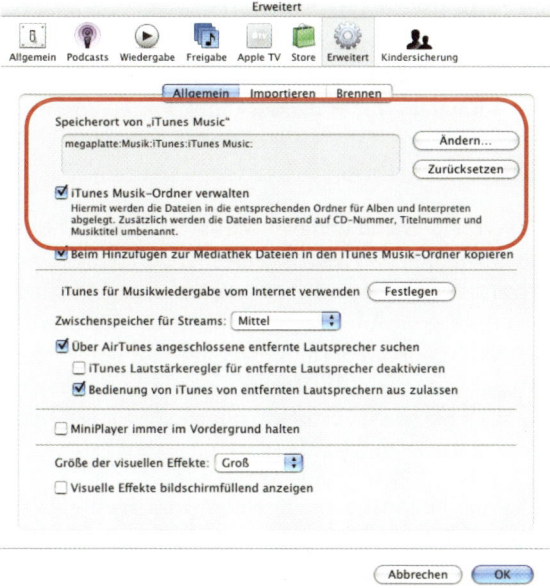

Ändern Sie hier den Speicherort des Ordners **iTunes Music**.

Wenn Sie in iTunes Musik zur Bibliothek hinzufügen, kopiert iTunes die Dateien in den Ordner **iTunes Music**. Auf diese Weise wird die gesamte Musik zusammengehalten, was natürlich praktisch ist. Möchten Sie dies aus irgendeinem Grund nicht, deaktivieren Sie die entsprechende Option.

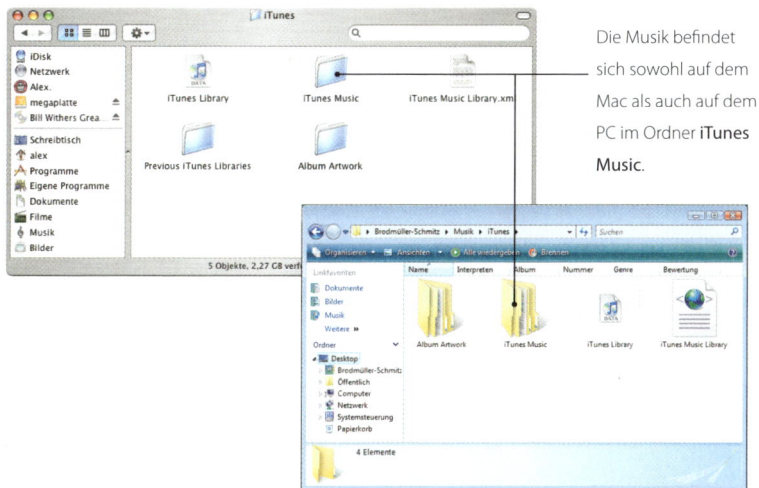

Die Musik befindet sich sowohl auf dem Mac als auch auf dem PC im Ordner **iTunes Music**.

Die korrekten Titelinformationen

Da alle Titel in einer langen Liste in der Bibliothek stehen, ist es natürlich sehr wichtig, dass die richtigen Titelinformationen gespeichert sind. Meist sind das der Name des Titels, der Name des Interpreten sowie der Name des Albums (der CD), von dem der Titel stammt. Bei klassischer Musik ist es zudem sinnvoll, den Komponisten zu kennen, da dieser häufig bereits verstorben ist und daher nicht mit dem Interpreten übereinstimmt. In iTunes dienen korrekte Titelinformationen auch dazu, einen Titel schnell und einfach wiederzufinden. Zudem wird das Erstellen intelligenter Wiedergabelisten ein Kinderspiel (siehe Seite 86).

Wenn Sie mit dem Internet verbunden sind und eine Musik-CD in das CD-Laufwerk einlegen, sucht iTunes im Internet nach den entsprechenden Titelinformationen. Die Informationen von fast jeder CD sind in einer immens großen Datenbank hinterlegt. Durch die Länge und die Anzahl an *Bits* eines Titels (die für jeden Titel individuell ist), ermittelt die Datenbank die Informationen und sendet diese an den Computer zurück. iTunes sorgt dafür, dass die Informationen in der Datei des Titels gespeichert werden. So bleiben diese Informationen immer verfügbar und in der Bibliothek sind die Titel nach Interpret oder Album sortiert.

Glücklicherweise können Sie die Informationen zu jedem Titel auch manuell eintragen. Vielleicht möchten Sie ja mehr Informationen speichern als nur den Interpreten und den Namen des Albums. So können Sie z.B. auch das Genre speichern, den Komponisten oder die Anzahl von *Beats pro Minute* (das Tempo). Sie können sogar den Songtext sowie das Cover des Albums speichern.

Titelinformationen bearbeiten

In iTunes ist es sehr einfach, die Titelinformationen zu bearbeiten. Alle Informationen zu einem Titel werden im Titel selbst gespeichert und sind damit jederzeit auch in anderen Programmen zugänglich.

1. Wählen Sie den Titel aus, dessen Informationen Sie eingeben oder bearbeiten möchten.

2. Wählen Sie **Ablage/Informationen** (M) oder **Datei/Informationen** (W) oder verwenden Sie den Kurzbefehl ⌘-I (M) oder Strg-I (W). Im daraufhin erscheinenden Fenster finden Sie allerlei Informationen zum ausgewählten Titel.

3. Oben sehen Sie eine Reihe Tabs. Klicken Sie in **Übersicht**, um eine Zusammenfassung der Informationen wie die Art der Datei und Größe in MB zu erhalten. Hier können Sie nichts ändern. Klicken Sie dagegen in **Infos** (M) bzw. **Informationen** (W), ist die Bearbeitung möglich.

Name, Interpret und Album erklären sich von selbst, ebenso das Jahr und die Titel-nummer. Bei Gruppierungen können Sie ein Album z.B. in zwei Teile aufsplitten. Klassik-CDs enthalten häufig zwei oder mehr Symphonien. Wählen Sie die erste Symphonie und tragen Sie unter Werk deren Namen ein. Verfahren Sie entsprechend mit den übrigen Symphonien. So können Sie später einfacher die Titel finden, die zu einer Symphonie gehören. Unter CD-Nummer tragen Sie gegebenenfalls die laufende Nummer der CD eines CD-Sets ein.

Das Feld Komponist ist bei klassischer Musik und Jazz praktisch. Häufig ist der Interpret nicht mit dem Komponisten identisch und so können Sie später z.B. alle Titel von George Gershwin finden, auch wenn er diese nicht alle selbst gespielt hat.

BPM steht für *Beats Per Minute* bzw. das Tempo der Musik in Taktschlägen pro Minute. Viele DJs verwen-den diese Information, um Titel nahtlos ineinander übergehen zu lassen. Wenn Sie hier ein Tempo an-geben, können Sie später eine Wiedergabeliste mit Titeln desselben Tempos erstellen.

A Message

Übersicht	Infos	Video	Sortierung	Optionen	Liedtext	Cover

Titelname

A Message

Interpret
Coldplay

Jahr
2005

Album-Interpret
Coldplay

Titelnummer
8 von 13

Album
X & Y

CD-Nummer
1 von 1

Werk

BPM

Komponist

Kommentar

Genre
Alternative

☐ Teil einer Compilation

(Zurück)   (Weiter)   (Abbrechen)   (OK)

Unter Genre können Sie eine Kategorie einstellen, indem Sie auf die Pfeiltaste klicken und einen Eintrag wählen oder ein eigenes Genre eingeben.

Klicken Sie auf Zurück oder Weiter, wenn Sie die Informa-tionen anderer Titel bearbeiten möchten. Klicken Sie auf OK, um das Fenster zu schließen und die Informationen zu speichern.

Sie können beliebige Kommentare eingeben, egal, ob es eine Unter-kategorie ist oder der Name eines italienischen Platzes, den Sie mit diesem Titel verbinden. Beachten Sie, dass Sie Titel später auch anhand von Kommentaren finden können.

Ist der Titel Teil einer Compilation mit Musik verschiedener Interpreten, können Sie dies hier angeben. Wenn Sie durch Ihre Bibliothek blättern, werden die Titel dieses Albums immer untereinander angezeigt.

Erweiterte Informationen bearbeiten

Im Tab **Optionen** lassen sich weitergehende Information eintragen.

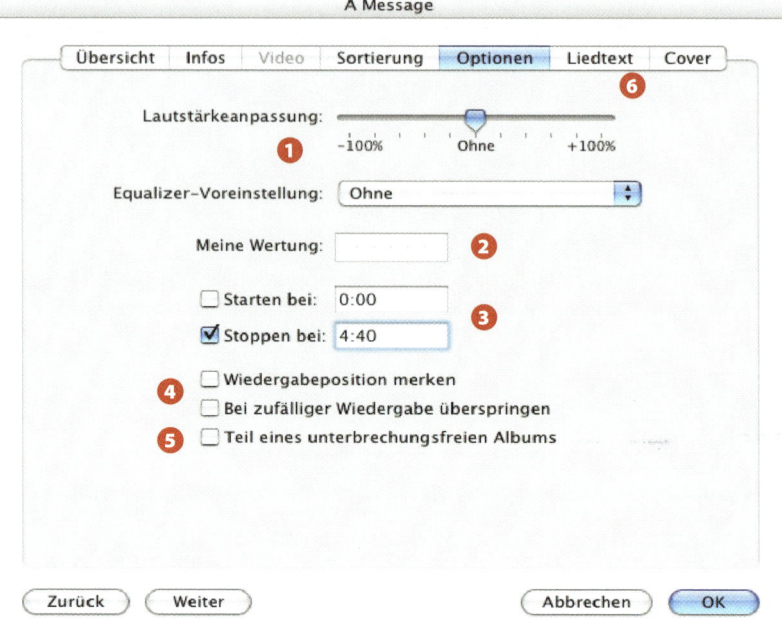

❶ Geben Sie für den Titel eine vorgegebene Lautstärke an und legen Sie optional eine Equalizer-Voreinstellung fest (siehe Seite 46).

❷ Bewerten Sie den Titel in Form von Sternchen, indem Sie auf die hellgrauen Punkte klicken (siehe Seite 60).

❸ Hat ein Titel ein langes Intro oder ein sehr langweiliges Ende, können Sie hier festlegen, dass die Wiedergabe später startet oder früher endet. Hier soll der Titel z.B. nach 4 Minuten und 15 Sekunden stoppen.

❹ iTunes kann sich die Wiedergabeposition merken und später ab diesem Punkt fortfahren, was für Hörbücher praktisch ist. Markieren Sie das Feld **Bei zufälliger Wiedergabe überspringen**, wenn Sie den Titel vom Shuffle-Modus ausnehmen möchten, z.B. für Titel mit gesprochenem Text.

❺ Ist der ausgewählte Titel Teil eines Live-Albums oder einer CD, deren Titel Sie ohne Unterbrechung wiedergeben möchten? Markieren Sie dann dieses Feld.

❻ Geben Sie hier den Liedtext ein. Besitzen Sie einen iPod nano oder einen iPod der fünften Generation, können Sie die Texte auch auf dem iPod anzeigen. So können Sie die Titel auf dem iPod mitsingen (siehe Seite 63).

Informationen schnell verändern

Sie können auch die Informationen mehrerer Titel gleichzeitig bearbeiten. Wählen Sie dazu die Titel aus, deren Informationen Sie bearbeiten möchten (drücken Sie die ⇧-Taste, um mehrere Titel auszuwählen), und wählen Sie anschließend **Ablage/Informationen** (M) oder **Datei/Informationen** (W).

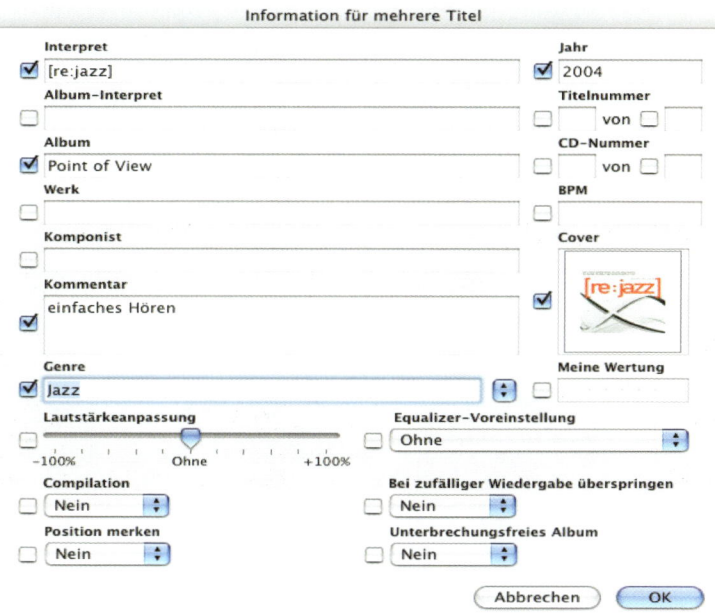

Das Fenster zum Bearbeiten oder Eintragen von Informationen für mehrere Titel

Wenn Sie eines der Felder bearbeiten, wird dieses mit einem Häkchen versehen. Das bedeutet, dass nur diese Felder für die ausgewählten Titel verändert werden sollen. Entfernen Sie die Markierung, wenn Sie die Information doch nicht für alle Titel übernehmen möchten. Klicken Sie abschließend auf **OK**.

Keine Internetverbindung beim Importieren?

Wenn Sie zeitweise keine Internetverbindung haben, weil Sie z.B. mit Ihrem Notebook unterwegs sind, können Sie CDs dennoch wie gewohnt importieren, ohne alle Informationen einzutragen. Die von iTunes importierten Titel können auch zu einem späteren Zeitpunkt mit den entsprechenden Informationen aus der Internetdatenbank versehen werden. Die importierten Titel haben zunächst nichtssagende Namen wie **Titel 01** und **Unbekannter Interpret**, das können Sie jedoch ändern. Wählen Sie die Titel aus und drücken Sie die ⇧-Taste, um mehrere Titel gleichzeitig auszuwählen. Wählen Sie **Erweitert/CD-Titel abfragen**, damit iTunes die Informationen von der Internetdatenbank abfragt. Das funktioniert allerdings nur mit von iTunes importierten Musik-CDs, jedoch nicht mit heruntergeladener oder (illegal) kopierter Musik.

Cover zu Titeln anzeigen

iTunes kann die Illustrationen der CD-Hüllen zu den einzelnen Titeln anzeigen. Seit der aktuellen Version verfügt iTunes über die Blätter-Funktion *Cover Flow*. Diese Art der Wiedergabe gleicht dem tatsächlichen Blättern in Ihren CDs. Klicken Sie in der rechten oberen Ecke die rechte Taste, um Cover Flow zu aktivieren. Klicken Sie die mittlere Taste, um eine nach Alben sortierte Liste der Titel mit Covern anzuzeigen.

Klicken Sie hier, um eine nach Alben sortierte Liste mit Covern anzuzeigen.

Klicken Sie hier, um Cover Flow einzuschalten.

Blättern Sie mit diesem Schieberegler durch Ihre komplette Musiksammlung.

Betrachten Sie die Cover bildschirmfüllend.

Sobald Cover Flow aktiviert ist, sehen Sie ein schwarzes Fenster mit den Titeln und Abbildungen der in iTunes importierten CDs. Mithilfe des Schiebereglers im unteren Bereich können Sie durch die Titel blättern. Doppelklicken Sie ein Cover, gibt iTunes dieses Objekt direkt wieder. Verwenden Sie die Tastenkombination ⌘-F (M) oder Strg-F (W), um Cover Flow bildschirmfüllend zu betrachten.

Cover aus dem iTunes Store

Apple betreibt auch einen Online Store zum Kaufen von Musik, der über eine immense Kollektion von CD-Covern verfügt. Bei jedem Kauf erhalten Sie auch das entsprechende Cover. Apple stellt die Abbildungen des iTunes Store freundlicherweise auch für diejenigen kostenlos zur Verfügung, die ihre Musik nicht im iTunes Store gekauft haben.

Wählen Sie im Menü **Erweitert** die Option **Albumcover laden** (M) bzw. **CD-Cover laden** (W). iTunes durchsucht daraufhin Ihre Bibliothek auf Titel, zu denen noch kein Cover vorhanden ist, und sucht im iTunes Store danach. Falls vorhanden, werden diese automatisch zum entsprechenden Titel oder Album hinzugefügt. Dies klappt allerdings nicht ohne Apple ID, legen Sie in diesem Fall zunächst eine Apple ID an. Weitere Informationen über das Einrichten einer Apple ID finden Sie auf Seite 114.

Cover manuell hinzufügen

Auch wenn Apples iTunes Store über eine sehr umfangreiche Albensammlung verfügt, sind natürlich noch lange nicht alle CD-Cover verfügbar. Möchten Sie ein solches Cover haben, können Sie dieses selbst hinzufügen.

1. Suchen Sie zunächst nach einer geeigneten Abbildung des Covers. Dafür ist das Internet eine außerordentlich geeignete Quelle. Schauen Sie z.B. auf Websites wie www.amazon.de oder www.bol.de nach, diese Sites enthalten immer Cover in vernünftiger Qualität zu den CDs, die sie zum Kauf anbieten. Wenn Sie einen Scanner besitzen, können Sie auch selbst Cover einscannen.

2. Entsprechende Sites bieten oft eine größere Abbildung des Covers an, was häufig mit Ausdrücken wie *Größeres Bild* oder einem Symbol in Form eines Pluszeichens oder einer Lupe angedeutet wird. So wissen Sie sicher, dass die Cover-Abbildung eine ausreichende Qualität hat.

3. Sobald Sie eine gute Cover-Abbildung gefunden haben, laden Sie diese auf Ihren Computer herunter. Sowohl in Safari (M) als auch im Internet Explorer (W) klicken Sie mit der rechten Maustaste auf die Abbildung und wählen den Eintrag **Bild kopieren** (M) oder **Kopieren** (W).

4. Kehren Sie jetzt zu iTunes zurück und wählen Sie alle Titel des Albums aus, dessen Cover Sie einfügen möchten. Drücken Sie die ⇧-Taste, um mehrere Titel gleichzeitig auszuwählen. Wählen Sie **Ablage/Informationen** (M) oder **Datei/Informationen** (W).

5. Klicken Sie in das leere Feld unter **Cover**, so dass dieses einen blauen Rand erhält, und wählen Sie **Bearbeiten/Einsetzen** (M). Klicken Sie unter Windows mit der rechten Maustaste in das Feld und wählen Sie **Einfügen** (W).

6. Die Abbildung erscheint daraufhin im Feld **Cover** und iTunes übernimmt dieses für alle (zuvor ausgewählten) Titel des Albums. Klicken Sie auf **OK**.

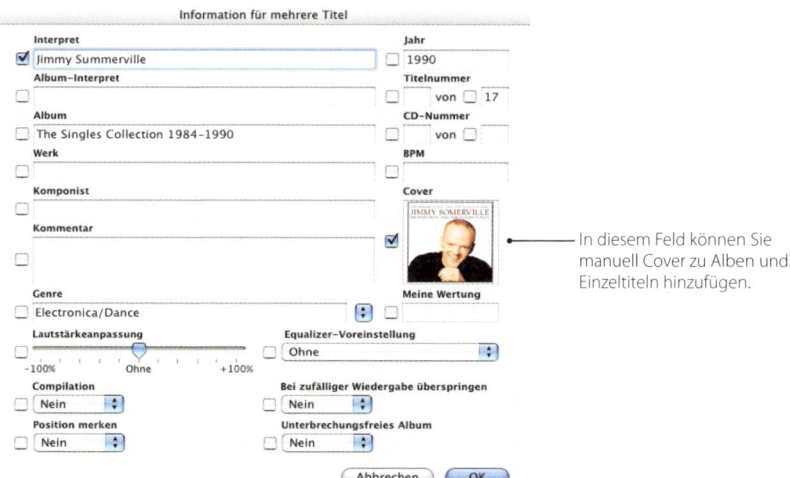

In diesem Feld können Sie manuell Cover zu Alben und Einzeltiteln hinzufügen.

◎ Audioformate und Kompression

iTunes wandelt Musik-CDs in ein Format um, das sowohl iTunes als auch der iPod versteht, wobei verschiedene Formate zur Verfügung stehen. Im Prinzip verkleinert iTunes die auf der CD befindlichen Daten durch *Kompression*. Das heißt, dass der Aufbau der Töne innerhalb eines Titels genau analysiert wird. Sehr hohe und sehr tiefe Töne, die für das menschliche Ohr nicht hörbar sind, werden dabei entfernt. Dann wird die Musik in *Bits*, also sehr kleine Fragmente, aufgeteilt. Diese werden einzeln miteinander verglichen und Bits, die einander sehr ähnlich sind, werden gleich interpretiert. So erhält man am Ende eine viel kleinere Datei als sich ursprünglich auf der CD befand. Zum Vergleich: Eine Musik-CD ist durchschnittlich 600 MB groß. Nachdem iTunes die Musik importiert hat, nimmt dieselbe CD etwa 70 MB Speicherplatz auf Ihrer Festplatte in Anspruch.

Sie können den Grad der Kompression in iTunes einstellen. Manch einer legt nämlich Wert auf höchste Qualität (aber auch größere Dateien) und findet es nicht tragisch, dass seine Festplatte dadurch schneller voll ist. Andere bringen lieber mehr Titel auf ihrer Festplatte und/oder dem iPod unter und finden es nicht schlimm, dass die Qualität dadurch etwas schlechter ist.

Entscheiden Sie sich

In der digitalen Musik wird aktuell zwischen zwei verschiedenen Audioformaten und Kompressionstechniken unterschieden: AAC und MP3. AAC ist ein Format, das bei gleicher Dateigröße eine bessere Qualität als MP3 bietet, es kann jedoch leider nur in iTunes und auf iPods wiedergegeben werden und nicht in Windows-Programmen oder MP3-Playern anderer Hersteller. Daher ist es wichtig, von vornherein zu bedenken, für welchen Zweck Sie die Musik importieren möchten. Verwenden Sie nur iTunes und besitzen Sie einen iPod, sollten Sie AAC einsetzen. Besitzen Sie ein anderes System mit MP3-Player oder möchten Sie Musik mit anderen (PC-)Anwendern austauschen, sollten Sie das MP3-Format verwenden.

Die Entscheidung für AAC oder MP3 muss vor dem Importieren getroffen werden. Zwar können Sie die Daten auch im Nachhinein konvertieren, dabei verlieren die Titel jedoch möglicherweise unwiderruflich an Dynamik. Wählen Sie daher vor dem Importieren von Musik-CDs **iTunes/Einstellungen** (M) oder **Bearbeiten/Einstellungen** (W). Klicken Sie im oberen Teil des Fensters auf **Erweitert** und den Tab **Importieren**.

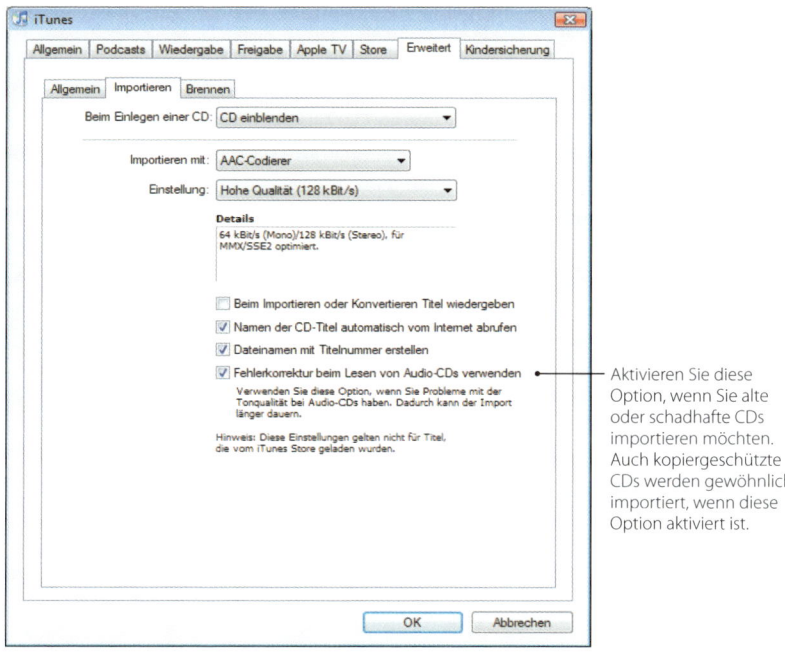

Aktivieren Sie diese Option, wenn Sie alte oder schadhafte CDs importieren möchten. Auch kopiergeschützte CDs werden gewöhnlich importiert, wenn diese Option aktiviert ist.

In diesem Fenster können Sie das Format für die zu importierenden Titel verändern.

Im Pop-up-Menü **Importieren mit** können Sie festlegen, in welchem Format iTunes die Titel importiert. Sie haben die Wahl zwischen AAC, MP3, Apple Lossless, AIFF und WAV. Die letzten drei Varianten bieten zwar eine sehr gute Qualität, nehmen jedoch auch sehr viel Platz auf der Festplatte in Anspruch und werden daher selten verwendet. Unter **Einstellung** können Sie zusätzlich festlegen, wie stark die Datei komprimiert werden soll. Der Kompressionsgrad wird in *Kbit/s* angegeben, was für Kilobit pro Sekunde steht. Bei den Kilobits handelt es sich um die weiter oben erwähnten kleinen Fragmente. Je mehr Kbit/s, desto besser die Qualität der Musik. Wählen Sie z.B. 128 Kbit/s und den AAC-Codierer, klingt das Ergebnis besser als eine mit 128 Kbit/s importierte MP3-Datei, was daran liegt, dass AAC hochwertiger komprimiert als MP3. Wählen Sie MP3 als Format, sollten Sie in höherer Qualität komprimieren, damit die Qualität entsprechend gut wird. Leider gilt jedoch grundsätzlich, dass bessere Qualität auch größere Dateien bedeutet.

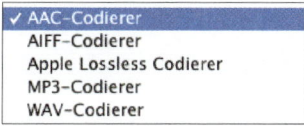

Wählen Sie das Format, in dem Sie die Musikdateien speichern möchten.

Sowohl für AAC als auch für MP3 können Sie individuelle Einstellungen vornehmen. Wählen Sie dazu **Eigene** (M) bzw. **Benutzerdefiniert** (W) unter **Einstellung** und legen Sie die Details für die Kompression fest.

Einstellungen für das AAC-Format

Wählen Sie eine **Datenrate (Stereo)**. Dabei bedeutet eine geringere Datenrate eine geringere Qualität. In der Einstellung **Automatisch** wird die **Abtastrate** automatisch an die der Originalaufnahme der Musik-CD angepasst. Auch unter **Kanäle** können Sie es bei der Einstellung **Automatisch** belassen. iTunes richtet automatisch die gleiche Anzahl an Kanälen ein wie im Original. Aktivieren Sie **Codierung mit variabler Datenrate**, wenn die Datenrate innerhalb eines Titels je nach Komplexität variieren soll. In ruhigeren Passagen werden dann weniger Bits benötigt als in komplexen Abschnitten. So wird der Speicherplatz, den ein Titel auf der Festplatte einnimmt, ökonomischer verwendet.

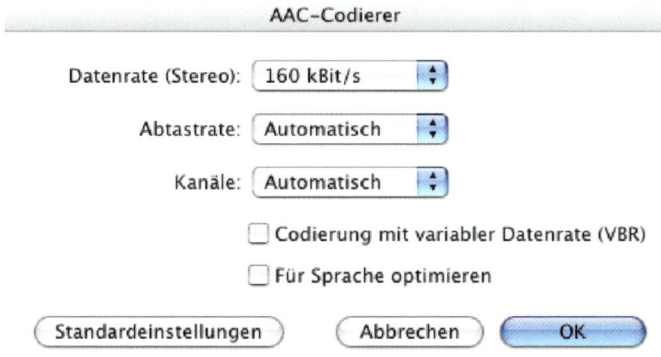

In diesem Fenster können Sie eine höhere oder niedrigere Datenrate einstellen.

Einstellungen für das MP3-Format

Die **Datenrate**, die **Codierung mit variabler Datenrate**, die **Abtastrate** und die **Kanäle** funktionieren wie beim AAC-Format. Behalten Sie jedoch im Hinterkopf, dass bei höheren Datenraten die Qualität im Vergleich zu der von AAC geringer ist. **Stereo (Joint)** unter **Stereo-Modus** bedeutet, dass für beide Kanäle identische Frequenzen in einem Audiokanal gebündelt und abweichende Informationen im zweiten Kanal enthalten sind. Bei geringeren Datenraten kann das die Qualität verbessern.

Unsere Ohren können Frequenzen unterhalb von 10 Hz nicht hören, daher sorgt das Häkchen vor **Frequenzen unter 10 Hz filtern** dafür, dass diese Frequenzen nicht gespeichert werden.

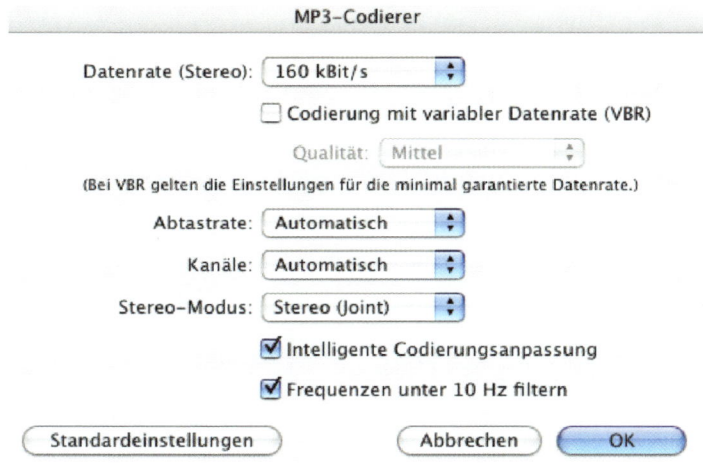

Passen Sie die Einstellungen für den Import von MP3-Dateien an.

Codierungen in iTunes

AAC	Eine sehr gute Kompressionstechnik für die Verwendung mit iTunes und dem iPod
MP3	Weniger effizient als AAC, aber mit anderen Programmen als iTunes und anderen MP3-Playern als iPods kompatibel
Apple Lossless	Sehr große Dateien, aber ohne Qualitätsverlust; nicht mit den älteren iPods kompatibel
AIFF und WAV	Diese Dateien sind die größten von allen (10 MB pro Minute Musik). AIFF ist ein Standardaudioformat auf dem Mac und WAV gilt für Windows. AIFF und WAV können sowohl auf dem Mac als auch unter Windows verwendet werden.

Wie funktioniert Kompression?

In den 1980er Jahren wurden viele Studien dazu durchgeführt, wie sich der Speicherbedarf von Dateien verringern ließe. Denken Sie z.B. an JPEG-Dateien für digitale Fotos. Der Aufschwung des Internets sorgte dafür, dass Anwender immer kleinere Dateien mit derselben Qualität wie das Original benötigten, da diese per Telefonleitung versendet werden sollten und daher nicht zu groß sein durften. Auch für Musik und Video wurde an Kompressionstechniken gefeilt. MPEG (Movie Picture Experts Group) entwickelte mit MPEG Audio Layer 3, kurz MP3, einen Standard.

AAC ist nicht so alt wie MP3 und bietet daher viel modernere Techniken zur Verkleinerung der Dateigröße. Jahrelange Untersuchungen des menschlichen

Gehörs ergaben, dass das Ohr nicht in der Lage ist, alle in Aufnahmen enthaltenen Töne und Frequenzen zu hören. Daher wurden diese herausgefiltert, um die Dateigröße der Titel drastisch zu verringern, ohne dass das Ohr Unterschiede wahrnehmen kann.

Experimentieren Sie mit verschiedenen Kompressionen aus den Einstellungen von iTunes. Sie werden schnell feststellen, dass eine Einstellung viel besser klingt als die andere. Behalten Sie dabei die Größe im Auge.

Musik wiedergeben und wiederfinden

Um einen Titel wiederzugeben, wählen Sie diesen aus (der Hintergrund wird dabei blau) und klicken Sie in der linken oberen Ecke des Fensters auf die Wiedergabetaste. Das Doppelklicken des gewünschten Titels ist eine schnellere Methode dafür. Eine Alternative ist das Drücken der Leertaste, insbesondere wenn Sie iTunes nur per Tastatur bedienen. Drücken Sie auf der Tastatur auf den Pfeil nach rechts, um den folgenden Titel in der Liste abzuspielen. Mit dem Pfeil nach links wird der vorherige Titel gestartet.

Sie können Ihre Musik auch in völlig willkürlicher Reihenfolge abspielen. Dazu befindet sich links unten im Fenster die Taste für die zufällige Wiedergabe. Klicken Sie auf diese Taste (die daraufhin blau wird), werden alle Titel in zufälliger Reihenfolge abgespielt. Rechts davon befindet sich die Taste **Wiederholen**. Klicken Sie auf diese Taste, werden die Titel wiederholt, ein erneuter Klick führt dazu, dass nur der aktuelle Titel wiederholt wird. In der Taste erscheint dabei eine 1.

Die Tasten Zufallswiedergabe und Wiederholen

Stören Sie die kurzen Pausen zwischen zwei Titeln? Sie können iTunes so einstellen, dass zwei aufeinanderfolgende Titel ineinander übergehen. Wenn z.B. die letzten fünf Sekunden eines Titels abgespielt werden, wird die Wiedergabe des folgenden Titels bereits gestartet und die Lautstärke des aktuellen Titels langsam verringert. Musiker nennen diesen Vorgang Überblenden.

Öffnen Sie mit **iTunes/Einstellungen** (M) oder **Bearbeiten/Einstellungen** (W) die iTunes-Einstellungen und klicken Sie in den Tab **Wiedergabe**.

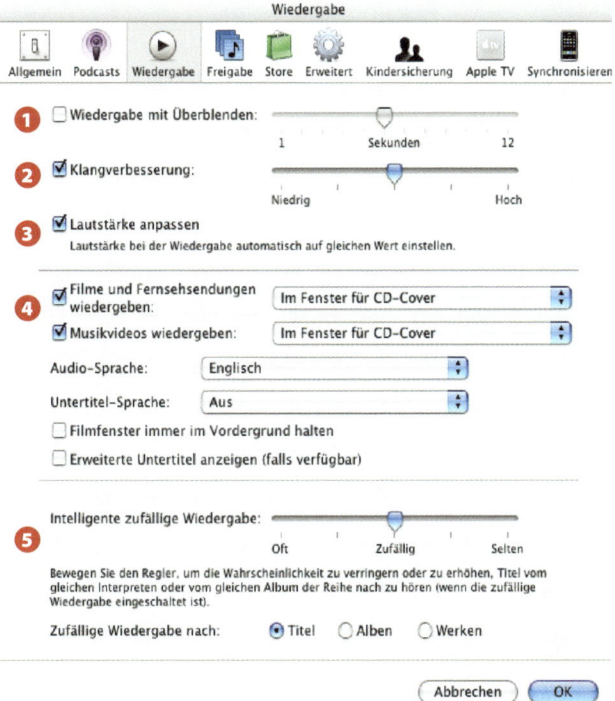

① Geben Sie an, in wie viel Sekunden die Titel ineinander übergeblendet werden sollen. In diesem Beispiel startet die Wiedergabe des folgenden Titels bereits, wenn der aktuelle Titel noch 6 Sekunden dauert. So ergibt sich keine störende Pause zwischen zwei Titeln.

② Die Klangverbesserung ist eine Frage des Geschmacks. Verändern Sie die Einstellung und hören Sie sich das Ergebnis an. Je weiter rechts der Schieberegler steht, desto mehr werden höhere Töne hörbar, was manchmal als angenehmer empfunden wird.

③ Aktivieren Sie das Feld **Lautstärke anpassen**, wird die Lautstärke aller in der Bibliothek befindlichen Titel aufeinander abgestimmt. So erschrecken Sie nicht, wenn ein lauterer Titel auf einen ruhigen und leisen Titel folgt.

④ Befinden sich Videos in Ihrer Bibliothek, können Sie hier z.B. angeben, ob diese im Hauptfenster oder bildschirmfüllend wiedergegeben werden.

⑤ Möchten Sie Titel in zufälliger Reihenfolge wiedergeben, einen Interpreten jedoch häufiger berücksichtigen, bewegen Sie den Regler dazu ganz nach links. Möchten Sie alle Titel berücksichtigen, schieben Sie den Regler mehr nach rechts. Geben Sie zudem an, ob Sie alle Titel oder nur die Titel eines bestimmten Albums in zufälliger Reihenfolge wiedergeben möchten.

Verbessern Sie den Klang

iTunes verfügt über einen integrierten *Equalizer*, mit dem Sie den Klang anpassen können. Ein Equalizer ist eine Art Schalttafel, auf der sich die Lautstärke verschiedener Frequenzen in feinen Nuancen einstellen lässt. Möchten Sie z.B. mehr Bass hören, bewegen Sie den Schieberegler für die Bässe etwas höher.

1. Geben Sie einen Lieblingstitel wieder und wählen Sie **Fenster/Equalizer** (M) bzw. **Anzeigen/Equalizer einblenden** (W).

2. Im Equalizer-Fenster können Sie die Schieberegler selbst bewegen, bis Sie einen guten Klang erreichen. Alternativ wählen Sie aus dem Popup-Menü eine Voreinstellung wie z.B. **Jazz**.

Schalten Sie den Equalizer hier ein oder aus.

Betrachten und vor allem hören Sie sich die Voreinstellungen an. Sie werden feststellen, dass unterschiedliche Musikstile am besten mit verschiedenen Einstellungen klingen. Auf Seite 36 erfahren Sie, wie Sie für einzelne Titel eine andere Voreinstellung angeben können.

Haben Sie eine eigene Einstellung vorgenommen, die Sie speichern möchten? Wählen Sie aus dem Popup-Menü **Neue Voreinstellung**. Geben Sie der Voreinstellung einen Namen und klicken Sie auf **OK**. Sie finden Ihre eigene Voreinstellung jetzt im Pop-up-Menü wieder.

Die Bibliothek sortieren

Sie haben bereits gesehen, dass in der Musikbibliothek alle Titel in einer langen Liste untereinander stehen. Wenn Sie die Titelinformationen (Interpret, Album usw.) eingegeben haben, werden alle Titel nacheinander in alphabetischer Reihenfolge aufgelistet. Ändern Sie die Sortierreihenfolge, indem Sie in einen anderen Spaltenkopf klicken und z.B. nach Interpret oder Genre sortieren.

☑ I Want More, Pt. 1	3:17	Faithless	Live At Alexandra Palace	Electronic
☑ I Want More, Pt. 2	4:48	Faithless	Live At Alexandra Palace	Electronic
☑ Take the Long Way Home	4:35	Faithless	Live At Alexandra Palace	Electronic
☑ We Come 1	9:07	Faithless	Live At Alexandra Palace	Electronic
☑ Machines R Us	3:55	Faithless	Live At Alexandra Palace	Electronic
☑ Muhammad Ali	3:05	Faithless	Live At Alexandra Palace	Electronic
☑ Salva Mea	8:14	Faithless	Live At Alexandra Palace	Electronic
☑ Die Stadt Die Es Nicht Gibt ⊙	4:46	Die Fantastischen Vier ⊙	MTV Unplugged ⊙	Hip Hop/Rap
☑ Millionen Legionen	6:13	Die Fantastischen Vier	MTV Unplugged	Hip Hop/Rap
☑ Tag Am Meer	5:04	Die Fantastischen Vier	MTV Unplugged	Hip Hop/Rap
☑ Flashback (Jazzanova`s Breathe E…	6:07	Fat Freddy's Drop	Based On A True Story	Nu Jazz

Klicken Sie in **Interpret,** um die Liste nach Interpreten sortiert anzuzeigen. Klicken Sie erneut, um die Reihenfolge umzukehren (von Z nach A anstatt von A nach Z).

Wenn Sie den oder die ersten Buchstaben eines Interpreten eingeben (vorausgesetzt, Sie haben die Liste nach Interpreten sortiert), springt die Liste zu dem Interpreten, dessen Name mit dem bzw. den Buchstaben anfängt. Das funktioniert natürlich auch, wenn die Liste nach Alben oder Titelnamen sortiert ist.

Der Übersichtsmodus

Wenn die Bibliothek aktiv ist (klicken Sie in der linken Spalte auf **Musik**), erscheint in der rechten unteren Ecke des iTunes-Fensters die Taste **Übersicht** mit einem Augensymbol. Klicken Sie in diese Taste, erscheinen oben im Fenster drei Spalten. Von links nach rechts können Sie die Musik jetzt nach Genre, Interpret oder Album durchsuchen. Diese Wiedergabe kommt der auf dem iPod am nächsten. Wählen Sie zuerst einen Interpreten, woraufhin alle Alben dieses Interpreten angezeigt werden. Wählen Sie dann ein Album, erscheinen alle Titel des Albums.

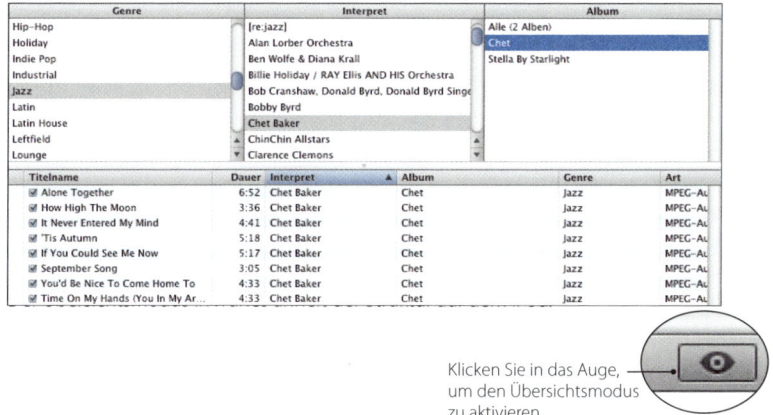

Klicken Sie in das Auge, um den Übersichtsmodus zu aktivieren.

Klicken Sie erneut auf die Taste, um den Übersichtsmodus zu verlassen. Dieser Modus funktioniert nicht innerhalb von Wiedergabelisten. Befinden Sie sich in einer Wiedergabeliste, erscheint neben dem Auge die Taste **Brennen**, mit deren Hilfe Sie CDs mit der Musik Ihrer Wiedergabelisten brennen (siehe Seite 90).

Titel suchen

Die wahre Stärke von iTunes liegt in den schnellen Suchmöglichkeiten. Wenn Ihre Bibliothek irgendwann ein paar tausend Titel enthält, wird es immer mühsamer, bestimmte Musiktitel wiederzufinden. In der rechten oberen Ecke sehen Sie ein Suchfeld. Alles, was Sie hier eingeben, wird gefunden, sei es der Name eines Interpreten oder der eines Komponisten. Vorausgesetzt natürlich, es befindet sich ein entsprechender Titel in der Bibliothek.

Die Suche nach morcheeba ergibt 42 gefundene Titel.

Sobald Sie den ersten Buchstaben eingeben, wird bereits nach den Titeln gesucht, die diese enthalten. Klicken Sie links im Suchfeld auf die Lupe, lassen sich die Suchkriterien verfeinern. Wählen Sie z.B. **Komponist**, um nur nach Komponisten zu suchen. Klicken Sie auf das Kreuz im Suchfeld, wird der Suchfilter gelöscht und in der Liste erscheinen wieder alle Titel.

Klicken Sie zuerst in die Lupe, wenn Sie nach einem bestimmten Komponisten oder Interpreten suchen.

Dank der schnellen Suche innerhalb von iTunes ist es möglich, sogenannte intelligente Wiedergabelisten zu erstellen. Geben Sie die Kriterien für eine Wiedergabeliste an und sobald ein Titel diese erfüllt, erscheint dieser automatisch in der intelligenten Wiedergabeliste. Geben Sie beispielsweise das Genre Jazz als Kriterium an und dass die Titel mindestens fünf Minuten lang sein sollen. So sind Sie sicher, alle Titel mit opulenten Klavier-, Trompeten- und Gitarrensoli einzuschließen. Weitere Informationen zum Erstellen intelligenter Wiedergabelisten finden Sie auf Seite 86.

⊙ iTunes und der iPod

Sie müssen keinen iPod besitzen, um iTunes zu verwenden. Anders herum müssen Besitzer eines iPods jedoch iTunes benutzen, um ihre Musik sowohl auf dem Computer als auch auf dem iPod zu verwalten.

iTunes ist in der Lage, den iPod automatisch mit Musik zu füllen. Alle in der Bibliothek enthaltenen Musiktitel erscheinen dann auch auf dem iPod. Mitunter hat man jedoch mehr Musik auf dem Computer (und damit auch in der Bibliothek), als auf den iPod passt. Dann müssen Sie Titel auswählen und den iPod manuell mit Musik bestücken.

Den iPod an den Computer anschließen

Der iPod wird mit einem Kabel ausgeliefert, dem *Dock-Adapter*. Verwenden Sie dieses Kabel, um den iPod an den Computer anzuschließen sowie die Batterie des iPod zu laden. Schließen Sie den Dock-Adapter an der Unterseite des iPod und an einem USB-Anschluss des Computers an. Ihr Computer kann mehrere USB-Anschlüsse besitzen, haben Sie jedoch einen zu wenig, können Sie einen *USB-Hub* erwerben, um die Anzahl der USB-Anschlüsse zu erhöhen.

USB 1 oder 2?

USB ist mittlerweile in zwei Varianten verbreitet. Obwohl die Anschlüsse exakt identisch aussehen, unterscheiden sich USB 1.1 und USB 2.0 vor allem in der Geschwindigkeit der Datenübertragung voneinander. iPods funktionieren auch mit der älteren Variante (USB 1.1), das Kopieren von Musik erfolgt damit allerdings langsamer. Zudem kann es passieren, dass der iPod über den USB 1.1-Anschluss zu wenig Strom erhält. Sie sollten also darauf achten, dass Ihr Computer über einen USB 2.0-Anschluss verfügt. Viele Computer lassen sich um einen USB 2.0-Anschluss erweitern, informieren Sie sich im Fachhandel.

Sie erkennen einen USB-Anschluss an diesem kaktusartigen Symbol.

Wenn der iPod an den Computer angeschlossen ist, erscheint im Display des iPod die Meldung **Bitte nicht trennen**. Tun Sie das auch nicht. Die Festplatte ist mit Lesen und Schreiben beschäftigt und sobald Sie die Verbindung unterbrechen, besteht das Risiko eines Datenverlusts und eventuellen Schadens an der Festplatte.

Es kann einige Sekunden dauern, bis der iPod in iTunes im Bereich **Quelle** erscheint. In den meisten Fällen beginnt der iPod direkt mit der Synchronisation, da das automatische Synchronisieren (iTunes nennt das Aktualisieren) die Standardeinstellung des iPod ist.

Trennen Sie den iPod nicht vom Computer, wenn dieser Text im Display steht.

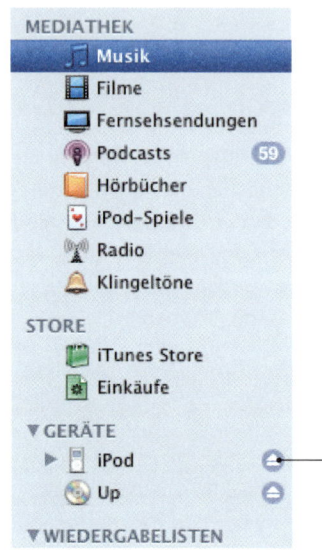

Möchten Sie den iPod dennoch trennen, klicken Sie zuerst auf das **Auswerfen**-Symbol neben dem Symbol und Namen des iPod in der Liste **Quelle** von iTunes. Ist der iPod dort verschwunden und im Informationsfenster erscheint **Verbindung kann getrennt werden**, können Sie den iPod unbesorgt vom USB-Anschluss des Computers trennen.

Möchten Sie den iPod vom Computer trennen, klicken Sie zuerst auf das Symbol **Auswerfen** neben dem Symbol für den iPod in der Liste Quelle.

Automatisch aktualisieren

Haben Sie die Standardeinstellungen nicht verändert, wird der iPod automatisch mit der Musik in der Bibliothek synchronisiert. Das heißt, dass alle Musikstücke in iTunes auch auf dem iPod erscheinen. Hierzu benötigen Sie natürlich einen iPod mit einer größeren Speicherkapazität. Gibt es nicht genug Platz für alle Titel (und eventuell Fotos), erscheint eine entsprechende Meldung und es werden so viele Titel synchronisiert wie auf den iPod passen.

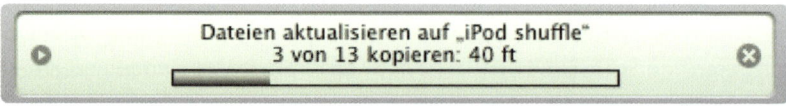

iTunes fängt sofort mit dem Aktualisieren an, sobald der iPod angeschlossen wurde.

Möchten Sie die Synchronisation des iPod aus irgendeinem Grund stoppen, klicken Sie auf das Kreuz rechts im Informationsfenster. Der Titel, den iTunes in dem Moment kopierte, wird nicht mehr übertragen. Alle davor liegenden Titel sind synchronisiert und damit auf dem iPod.

Das iPod-Übersichtsfenster

Sobald Sie Ihren iPod an den Computer angeschlossen haben, erscheint dieser im Quellenbereich von iTunes. Klicken Sie dann auf das Symbol bzw. den Namen des angeschlossenen iPod, erscheint im rechten Teil des Fensters das Übersichtsfenster. Darin finden Sie alle relevanten Einstellungen und Informationen über Ihren iPod.

Das Übersichtsfenster eines angeschlossenen iPod mit allen Informationen

❶ Im oberen Teil des Fensters finden Sie alle relevanten Informationen über Ihren iPod, z.B. Kapazität, Softwareversion und Seriennummer. Außerdem wird eine Abbildung des iPod gezeigt.

❷ Ist die Software Ihres iPod nicht ganz auf dem neuesten Stand? iTunes sucht automatisch im Internet nach der neuesten Version. Ist die Taste **Nach Update suchen** dunkelgrau, klicken Sie hinein, so dass die Software Ihres iPod auf die neueste Software aktualisiert wird. Mit der Taste **Wiederherstellen** lässt sich der iPod auf die Werkseinstellungen zurücksetzen.

❸ Soll iTunes automatisch starten, sobald Sie den iPod anschließen? Oder möchten Sie nur markierte (sprich: mit einem Häkchen versehene) Titel synchronisieren? Möchten Sie die Titel und Videos manuell verwalten (siehe folgende Seite) oder möchten Sie den iPod als externe Festplatte verwenden (siehe Seite 144)? Markieren Sie die entsprechenden Optionen.

❹ **Achtung!** Klicken Sie immer auf **Anwenden**, wenn Sie Einstellungen verändert haben, da ansonsten nichts geschieht. Möchten Sie zu den vorherigen Einstellungen zurückkehren? Klicken Sie in diesem Fall auf **Abbrechen**.

Den iPod manuell verwalten

Wenn Sie nicht möchten, dass alle Musikstücke, Fotos und eventuell Videos auf Ihren iPod übertragen werden, können Sie diese manuell laden. Klicken Sie im Übersichtsfenster des iPod in das Feld **Musik manuell verwalten**.

☑ Musik manuell verwalten

Vergessen Sie nicht, rechts unten auf **Anwenden** zu klicken. Klicken Sie in der Meldung darüber, dass Sie den iPod stets richtig trennen müssen, auf OK.

Ziehen Sie jetzt manuell Titel aus Ihrer Bibliothek auf das iPod-Symbol in der Liste **Quelle**. Das ist derselbe Vorgang wie bei Wiedergabelisten: Wählen Sie die Titel in der Bibliothek (halten Sie die ⇧-Taste gedrückt, um mehrere Titel auf einmal auszuwählen) und ziehen Sie die Auswahl auf das iPod-Symbol im Quellenbereich. Dieses Vorgehen funktioniert natürlich auch für Videos und Podcasts.

Ziehen Sie die ausgewählten Titel manuell auf den iPod. Der Mauszeiger erhält dabei einen roten Kreis mit der Anzahl der ausgewählten Titel.

Titel vom iPod entfernen

Sie können nur dann bestimmte Titel von Ihrem iPod entfernen, wenn Sie den iPod auf manuelle Verwaltung eingestellt haben (siehe oben). Klicken Sie dann auf das kleine graue Dreieck vor dem iPod-Symbol in der Liste **Quelle**. Unterhalb des iPod-Namens erscheint nun eine Liste, die der Liste **Quelle** ähnelt. Klicken Sie auf **Musik**, um alle Musiktitel auf dem iPod anzuzeigen. Wählen Sie die gewünschten Titel aus (drücken Sie die ⇧-Taste, um mehrere Titel gleichzeitig zu markieren) und drücken Sie die ←- oder die Entf-Taste, um alle ausgewählten Titel vom iPod zu entfernen.

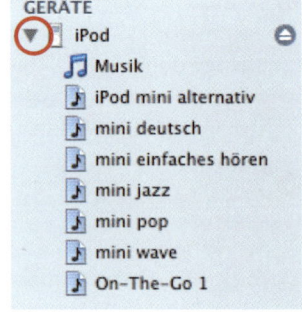

Titel vom iPod kopieren

Sie können die Titel, die Sie mit iTunes auf den iPod übertragen haben, später nicht auf den Computer zurückkopieren. Diesen Schutz musste Apple auf Wunsch großer Plattenlabel integrieren, da es ansonsten sehr einfach wäre, auf einen Schlag Tausende von Titeln auf den Computer von jemand anderem zu übertragen. Es gibt jedoch Software zum Downloaden, die diese Funktion ermöglicht. Da es offiziell jedoch nicht funktioniert, sollten Sie die auf Ihrem iPod befindliche Musik auch auf Ihrem Computer gespeichert haben.

Sie können natürlich, wenn Ihr iPod auf manuelle Verwaltung eingestellt ist, durchaus Musik aus einer anderen Bibliothek kopieren, wenn Sie Ihren iPod mit einem anderen Computer verbinden. Sie können diese Musik allerdings später nicht auf Ihren eigenen Computer übertragen. Das ist nicht mehr möglich, seit es entsprechende Klagen gegen Apple gab.

Möchten Sie legal Musik (oder andere Daten) von einem Computer zum anderen kopieren, können Sie den iPod als externe Festplatte einsetzen. Sobald Sie den iPod an einen Computer anschließen, erscheint dieser als externe Festplatte. Auf dem Mac ist das ein iPod-Symbol auf dem **Schreibtisch**, auf dem PC meistens das Laufwerk **E:** im **Windows Explorer**.

Mac

1. Ziehen Sie Titel oder Wiedergabelisten aus der iTunes-Bibliothek auf das iPod-Symbol auf dem **Schreibtisch**. Legen Sie eventuell zuerst einen neuen leeren Ordner auf dem iPod an.

2. Schließen Sie den iPod an einen anderen Computer an.

3. Ziehen Sie die Musik vom iPod auf dem **Schreibtisch** in die **Bibliothek** des Computers. Dabei importiert iTunes die Titel.

4. Löschen Sie die Titel vom iPod auf dem **Schreibtisch**. Diese nehmen ansonsten unnötig Speicherplatz ein.

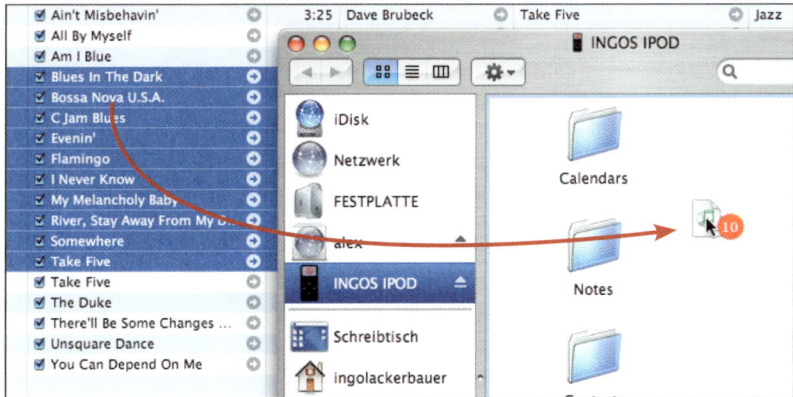

Windows

1. Ziehen Sie die Titel aus dem Ordner **Musik/iTunes/iTunes Music** auf den iPod (wahrscheinlich **iPod (E:)**).

2. Schließen Sie den iPod an den anderen Computer an und verfahren Sie umgekehrt. Natürlich muss dazu auf diesem Computer iTunes installiert sein.

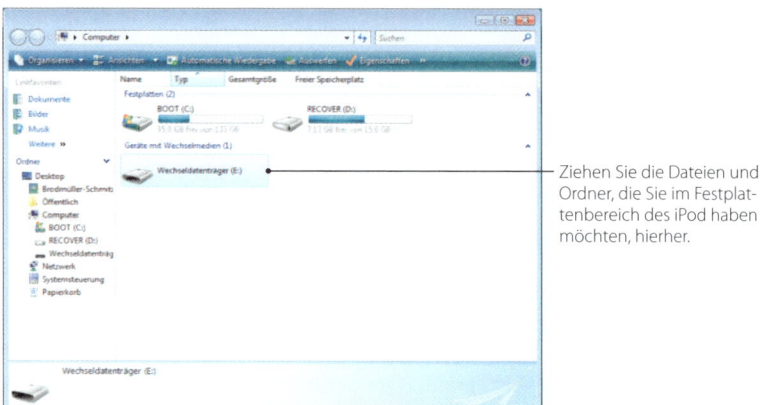

Ziehen Sie die Dateien und Ordner, die Sie im Festplattenbereich des iPod haben möchten, hierher.

Die Position des Laufwerks E: im Windows Explorer. Verwenden Sie diese externe Festplatte, um Dateien (Musik, Fotos etc.) von Computer zu Computer zu übertragen.

Musik vom iPod „klauen" ...

Obwohl man mit iTunes keine Musik vom iPod herunterholen kann, ist dieses möglich, da Softwareentwickler eigens Programme dafür entwickelt haben. Apple ist darüber natürlich nicht glücklich, aber mitunter ist es doch sehr praktisch, Musik vom iPod zurück auf die Festplatte zu übertragen.

Das Programm **iPod->Folder** kann genau das. Rufen Sie die Webseite www.longfingers.com/ ipodfolder/ auf, um das Programm herunterzuladen. Es ist sowohl für den Mac als auch für den PC erhältlich. In diesem Programm wählen Sie Ihren iPod und einen Ordner, in den alle Musik kopiert werden soll. Klicken Sie dann in den Pfeil, landet die gesamte Musik in diesem Ordner. Ziehen Sie die Musik (und eventuell Videos) danach zurück in iTunes, um sie wieder in die Bibliothek zu integrieren.

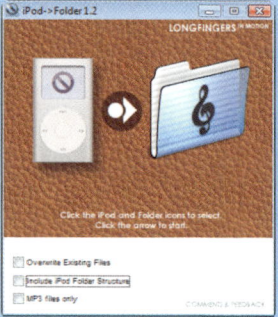

Mehrere iPods an einem Computer

Es kommt immer häufiger vor, dass es in einer Familie nur einen Computer und mehrere iPods gibt. Manche denken, das sei unmöglich, oder möchten iTunes ein weiteres Mal auf demselben Computer installieren, was absolut unnötig ist.

iTunes kann zum Glück so viele iPods mit Musik bestücken, wie Sie wünschen. Möchten Sie also einen zweiten iPod mit demselben Computer verwenden, wird dieser beim Anschließen automatisch mit der Musik aus der Bibliothek gefüllt, da das die Standardeinstellung der iPods ist.

Es kann natürlich passieren, dass zwei Personen mit unterschiedlichem Musikgeschmack einen Computer verwenden, um ihre iPods mit Musik zu füllen. Oder einer besitzt einen iPod mit geringerer Speicherkapazität, so dass nicht die gesamte Musik auf den iPod passt. Eine praktische Lösung für dieses Problem ist es, persönliche Wiedergabelisten zu erstellen und die iPods jeweils nur mit dieser Wiedergabeliste automatisch synchronisieren zu lassen.

Erstellen Sie eine neue (intelligente) Wiedergabeliste (siehe Kapitel 4) und geben Sie dieser beispielsweise Ihren eigenen Namen oder den Namen Ihres iPod. Sobald Ihr iPod angeschlossen ist, klicken Sie auf das iPod-Symbol im Quellenbereich. Klicken Sie im **Übersichtsfenster** oben auf den Tab **Musik**. Geben Sie dann an, dass Sie nur die Musik bestimmter Wiedergabelisten mit dem iPod synchronisieren möchten, wählen Sie die gewünschte Wiedergabeliste aus und klicken Sie auf **Anwenden**. So können Sie für jeden iPod eine auf den persönlichen Geschmack des Besitzers abgestimmte Wiedergabeliste übertragen.

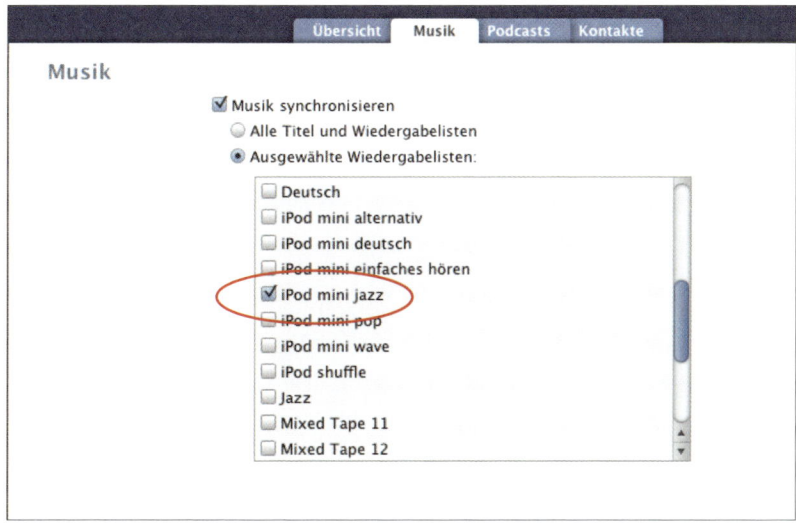

Synchronisieren Sie einen iPod nur mit ausgewählten Wiedergabelisten, wenn Sie dieselbe Bibliothek mit mehreren iPods nutzen. Klicken Sie abschließend auf **Anwenden**.

Der iPod shuffle und iTunes

Der iPod shuffle hat eine Speicherkapazität von 1 GB. Daher kann es schnell passieren, dass Sie mehr Musik haben, als auf den iPod shuffle passt. iTunes bietet für dieses Problem eine schnelle Lösung. Sobald Sie einen iPod shuffle an Ihren Computer anschließen, zeigt iTunes im unteren Teil einen Bereich an, in dem Sie spezielle Einstellungen vornehmen können. So können Sie iTunes z.B. jedes Mal, wenn Sie den iPod shuffle anschließen, eine zufällige Auswahl aus Ihrer Musikbibliothek treffen lassen. So wird er natürlich noch mehr zum *Shuffle*.

Der belegte Speicherplatz auf dem Shuffle

Möchten Sie eine Wiedergabeliste oder die gesamte Bibliothek übertragen und soll alles ersetzt werden?

Klicken Sie auf diese Taste, um den iPod shuffle mit Musik zu füllen. Das Synchronisieren erfolgt anhand der angegebenen Kriterien.

Natürlich können Sie den iPod shuffle auch manuell mit Musik füllen. Das legen Sie in den Einstellungen des iPod shuffle fest.

Den iPod shuffle als Memorystick verwenden

Im Einstellungsfenster können Sie ganz unten angeben, ob Sie einen Teil der Speicherkapazität des iPod shuffle als Speicherplatz reservieren möchten. So können Sie den iPod shuffle praktisch als Memorystick verwenden. Der iPod shuffle erscheint auf dem Schreibtisch des Mac oder im Windows Explorer.

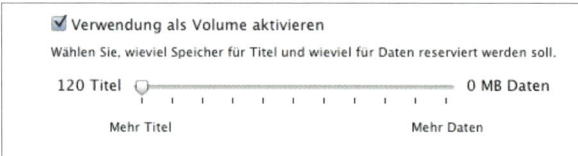

Aktivieren Sie den iPod als Festplatte und geben Sie an, wie viel MB Sie dafür freihalten möchten.

3

Wie funktioniert der iPod?

Wenn Sie den iPod kaufen, ist die Festplatte leer, das heißt, dass noch keine Musik auf dem iPod gespeichert ist. Da Musik immer mithilfe eines Computers auf den iPod übertragen wird, speichern Sie diese daher zunächst auf dem Computer. Verwenden Sie für die Übertragung von Musik auf den iPod per Kabel das kostenlose Programm iTunes, das Sie aus dem Internet herunterladen können. Dieses Programm läuft sowohl auf Windows-Computern als auch auf Macs. Weitere Informationen zur Installation von iTunes finden Sie auf Seite 8.

◉ Click Wheel

Das Click Wheel ist die runde Scheibe, mit der Sie den iPod bedienen. Der iPod shuffle hat im Vergleich zu allen anderen iPods ein etwas anderes Click Wheel. Es ist kleiner und einfacher, hat aber dieselbe Kreisform. Bei iPods der ersten Generation war es noch mechanisch, sprich, man konnte es tatsächlich drehen. Ab dem iPod der zweiten Generation wurde das mechanische Rad durch eines ersetzt, das auf Fingerberührung reagiert. Die iPods der dritten Generation haben dasselbe Prinzip, weichen aber trotzdem von allen anderen iPods ab. Zusätzlich zu dem Rad befinden sich nämlich vier kleine runde Tasten direkt unter dem Display. Dieses Konzept hatte nicht lange Bestand. Die vier Tasten unter dem Display sind auf iPods späterer Generationen nicht mehr zu finden, dort sind die Tasten völlig in das Rad integriert. Das Rad ist multifunktional. Sie können damit scrollen, indem Sie mit einem Finger leicht darüber fahren. Unter dem Rad befinden sich außerdem Drucktasten. Da alles in einem Rad integriert wurde, bleibt die Bedienung des iPod sehr einfach, da Sie den iPod jederzeit mit einer Hand bedienen können. Das Rad lässt sich dabei bequem mit dem Daumen steuern. Es klingt vielleicht seltsam, aber ebenso wie es einen Mausarm gibt, gibt es seit kurzem auch den *iPod-Daumen*. Wenn Sie lange genug mit dem iPod spielen (tagelang), tritt dieses Phänomen auf. Glücklicherweise leiden wir, die Autoren dieses Buchs und begeisterte iPod-Benutzer, nicht darunter.

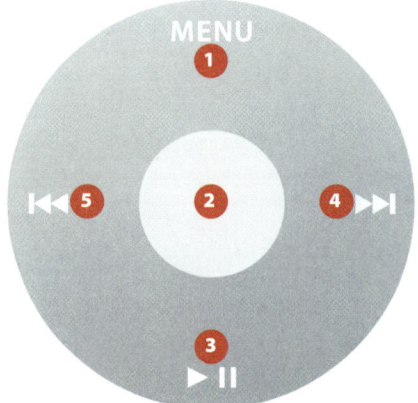

Unter dem Click Wheel der iPods der vierten und fünften Generation sind fünf Tasten verborgen und Sie blättern durch das Menü, indem Sie mit dem Daumen über das Click Wheel fahren.

Die fünf Tasten

1 **Menu:** Mit dieser Taste kehren Sie zum übergeordneten Menü zurück. Auf vielen iPods geht die Hintergrundbeleuchtung an, wenn Sie diese Taste lange gedrückt halten. Erst ab iPod nano und video wurde diese Funktion abgeschafft, da bei diesen die Hintergrundbeleuchtung immer angeht, sobald Sie das Click Wheel berühren. Halten Sie die Menu-Taste auf diesen iPods lange gedrückt, um direkt zum Hauptmenü zu gelangen.

2 **Mitteltaste:** Wählen Sie mit dieser Taste die Menüeinträge des iPod aus. Sie bewegen sich also im Menü vorwärts. Verwenden Sie diese Taste auch während der Wiedergabe, um weitere Informationen (wie z.B. das Cover oder die Anzahl der Sterne) anzuzeigen oder zu ändern.

3 **Start/Pause:** Indem Sie diese Taste drücken, beginnt oder stoppt die Wiedergabe des ausgewählten Titels. Halten Sie die Taste länger als drei Sekunden gedrückt, schalten Sie den iPod aus.

4 **Nächster Titel:** Drücken Sie diese Taste kurz, um den nächsten Titel in der Wiedergabeliste anzusteuern. Halten Sie die Taste während der Wiedergabe länger als eine Sekunde gedrückt, spulen Sie schnell durch den Titel.

5 **Vorheriger Titel:** Wenn Sie diese Taste kurz drücken, gelangen Sie zum Anfang des Titels. Drücken Sie die Taste zweimal kurz hintereinander, erreichen Sie den vorherigen Titel. Drücken Sie während der Wiedergabe länger auf die Taste, spulen Sie vor. Das kann z.B. praktisch sein, wenn Sie eine bestimmte Stelle nochmal hören möchten.

Hold-Schalter

Mit dem Schalter **Hold** werden die Tasten gesperrt. Er sorgt dafür, dass die Tasten nicht versehentlich gedrückt werden, z.B. wenn Sie den iPod in eine Tasche legen. Bei eingeschaltetem Hold-Schalter kann die Musik nicht plötzlich lauter werden oder stoppen, weil Sie versehentlich eine Taste drücken. Es kann auch passieren, dass der iPod in der Tasche unbeabsichtigt angeht. Achten Sie daher darauf, dass Sie den Schalter auf Hold schieben, wenn Sie den iPod nicht benötigen, dann wird der iPod Sie nie mit einer unerwartet leeren Batterie enttäuschen.

Die Mitteltaste

Die Mitteltaste ist multifunktional und kann mit der ⏎-Taste auf der Tastatur verglichen werden. Sie wählen z.B. einen Titel aus, indem Sie die Mitteltaste drücken. Drücken Sie während der Wiedergabe auf die Taste, erscheint eine kleine Raute. Indem Sie über das Click Wheel fahren, können Sie schnell durch den Titel spulen und zum gewünschten Teil des Titels gelangen.

Das iPod-Display während der Wiedergabe eines Titels. Der Titelname, der Interpret sowie das Album werden angezeigt.

Drücken Sie einmal auf die Auswahl-Taste, erscheint eine Raute im Verlaufsbalken. Drehen Sie jetzt über das Click Wheel, um durch den Titel zu spulen.

Wenn Sie einen iPod mit Farbdisplay besitzen, können Sie auch das Cover der CD auf dem iPod betrachten. Weitere Informationen über Cover In iTunes finden Sie auf Seite 38. Beim Synchronisieren mit dem Computer werden automatisch auch alle Cover auf den iPod übertragen.

Sie können Ihre Lieblingstitel mit Sternen bewerten. Drücken Sie dreimal hintereinander die Mitteltaste, um Sterne vergeben zu können. Fahren Sie mit dem Daumen über das Click Wheel, um dem Titel die gewünschte Anzahl an Sternen zuzuweisen. Sobald der iPod wieder mit iTunes synchronisiert wird, werden alle Bewertungen, die Sie zugewiesen haben, in iTunes kopiert.

Drücken Sie dreimal mit der Mitteltaste, um einen Titel mit Sternen zu bewerten. Drehen Sie nach links oder rechts über das Click Wheel.

Klicken Sie während der Wiedergabe eines Titels viermal auf die Mitteltaste, können Sie wahlweise die restlichen Titel des Albums oder der Wiedergabeliste in zufälliger Reihenfolge abspielen oder den Titel auf Wiederholung setzen. Nehmen Sie die Auswahl mit dem Click Wheel vor.

◎ Menüstruktur

Der iPod wird immer wegen seiner klaren Menüstruktur gerühmt – ein Punkt, in dem er der Konkurrenz immer ein Stück voraus ist. In diesem Kapitel erläutern wir diese Menüstruktur. Leider unterscheidet sich das Menü jedes iPod ein wenig. Ausgangspunkt ist das Menü des iPod classic, die Unterschiede zu früheren iPod-Versionen sind minimal.

Hauptmenü

Das erste Fenster, das der iPod anzeigt, sobald Sie diesen anschalten. Möchten Sie zum Hauptmenü zurückkehren, drücken Sie auf dem Click Wheel so oft auf **Menu**, bis dieses eingeblendet wird.

Das Hauptmenü des iPod, rechts sehen Sie ein willkürlich gewähltes Albumcover.

Musik Für alles, was mit der Wiedergabe von Musik zu tun hat.

Videos Für das Betrachten von Filmen, Fernsehsendungen und Musikvideos.

Fotos Für das Betrachten von Fotos.

Podcasts Haben Sie über den iTunes Store Podcasts abonniert, finden Sie diese hier wieder.

Extras Ihr iPod ist mit einer Reihe praktischer Extras versehen, unter anderem einer Weltzeituhr, einzelnen Spielen, Kontaktinformationen, einem Kalender, Notizen, einer Stoppuhr und eine Anzeigensperre.

Einstellungen Wenn Sie z.B. die Sprache des iPod verändern oder die Lautstärke anders einstellen möchten, wählen Sie den Eintrag **Einstellungen**.

Zufällige Titel Wenn Sie die Titel nicht immer in derselben Reihenfolge hören möchten, wählen Sie diese Option, die für die zufällige Reihenfolge sorgt.

Sie hören Wählen Sie die Option **Sie hören**, wenn Sie zum aktuell wiedergegebenen Titel zurückkehren möchten. Sie können jetzt sehen, welcher Titel gerade läuft, innerhalb des Titels spulen oder die Lautstärke regeln.

Musik

Das Menü **Musik** ist eines der wichtigsten Menüs auf dem iPod, da dieser natürlich vor allem ein tragbarer Musik-Player ist. Das Musikmenü bietet folgende Optionen: **Cover Flow, Wiedergabelisten, Interpreten, Alben, Titel, Genres, Komponisten, Hörbücher** und **Suchen**.

Cover Flow

Diese Option ist nur auf einem iPod nano der dritten Generation oder einem iPod classic verfügbar. Haben Sie Ihre Titel in iTunes mit Albumcovern versehen, können Sie mithilfe der Albumcover mit dem Click Wheel durch Ihre Musiksammlung blättern. Sobald sich das gewünschte Album in der Mitte der Anzeige befindet, drücken Sie die **Mitteltaste**. Das Albumcover dreht sich um und Sie können mit dem Click Wheel den Titel auswählen, den Sie hören möchten.

Wiedergabelisten

Wenn Sie den Eintrag **Wiedergabelisten** wählen, sehen Sie alle in iTunes angelegten Wiedergabelisten. Mit Wiedergabelisten können Sie eine bestimmte Auswahl aus Ihrer großen Musiksammlung treffen. So können Sie Listen nach Genre oder einfach nach persönlicher Vorliebe anlegen. Standardmäßig befinden sich in iTunes mehrere intelligente Wiedergabelisten, z.B. **Meine Top 25** oder **Zuletzt gespielt**. Informationen zum Anlegen von (intelligenten) Wiedergabelisten in iTunes finden Sie auf Seite 86.

On-The-Go-Wiedergabeliste

Sie können nicht nur mit iTunes eine Wiedergabeliste erstellen. Das geht sogar unterwegs mit dem iPod. Eine solche Wiedergabeliste heißt **On-The-Go**. Die On-The-Go-Wiedergabeliste ist nur auf iPods mit Dock-Anschluss verfügbar. Sie finden die On-The-Go-Wiedergabeliste ganz unten im Menü **Wiedergabelisten**. Das Erstellen einer On-The-Go-Wiedergabeliste ist ganz einfach:

1. Suchen Sie einen Titel, den Sie in die neue Liste aufnehmen möchten.

2. Haben Sie einen Titel, den Sie zur On-The-Go-Wiedergabeliste hinzufügen möchten, halten Sie die **Mitteltaste** gedrückt, bis der Titel beginnt zu blinken. Damit wird bestätigt, dass der Titel zur On-The-Go-Wiedergabeliste hinzugefügt wurde.

3. Wiederholen Sie diese Schritte, bis die Wiedergabeliste fertig ist.

4. Wenn Sie die On-The-Go-Wiedergabeliste wiedergeben möchten, wählen Sie im Menü **Wiedergabelisten** die **On-The-Go-Wiedergabeliste**. Sie sehen nun eine Auflistung aller Titel, die Sie hinzugefügt haben.

5. Um die Wiedergabeliste zu löschen, steuern Sie diese an und wählen **Wiedergabeliste löschen**. Daraufhin werden alle Titel aus der On-The-Go-Wiedergabeliste entfernt.

Sie können auch mehrere On-Ghe-Go-Wiedergabelisten anlegen und speichern. Nachdem Sie eine Reihe Titel für die On-The-Go-Wiedergabeliste ausgewählt haben, können Sie diese speichern, indem Sie **Wiedergabeliste speichern** auswählen. Die Wiedergabeliste wird unter dem Namen **Wiedergabeliste 1** gespeichert. Speichern Sie weitere Wiedergabelisten, erhalten diese eine laufende

Nummer. Sobald Sie den iPod wieder mit dem Computer synchronisieren, erscheint die gespeicherte Wiedergabeliste auch in iTunes unter **Wiedergabelisten** im Quellenbereich.

Interpreten, Alben, Musikrichtungen, Komponisten und Titel

Wenn Sie eine dieser Optionen wählen, können Sie direkt durch die Interpreten, Alben oder Musikrichtungen blättern. Sie müssen jeweils eine Auswahl treffen, bis Sie bei einem Titel landen. Daher ist es natürlich wichtig, für jeden Titel alle Informationen sorgfältig einzutragen. Prinzipiell übernimmt iTunes diese Aufgabe, sobald Sie eine CD importieren. Weitere Informationen über das Hinzufügen von Informationen zu einem Titel oder Album finden Sie auf Seite 34.

Unter **Titel** finden Sie eine lange alphabetisch sortierte Liste aller Titel, die auf dem iPod gespeichert sind. Diese ist praktisch, wenn Sie sich nur noch an den Titel eines Songs erinnern.

Suchen

Suchen Sie erfolglos nach einem bestimmten Titel, Interpreten oder Album, können Sie die praktische Suchfunktion auf dem iPod nutzen. Sobald Sie **Suchen** wählen, können Sie Buchstaben eingeben. Wählen Sie einen Buchstaben, indem Sie über das Click Wheel fahren und auf die Mitteltaste drücken, um ihn zu übernehmen. Entsprechende Titel, Interpreten und Alben erscheinen daraufhin direkt in der Übersicht. Fügen Sie weitere Buchstaben hinzu, um die Suche zu verfeinern. Sehen Sie den gewünschten Titel in der Übersicht, drücken Sie die Taste **Menu**. Anschließend können Sie den Titel auswählen und wiedergeben.

Wählen Sie **Suchen**, nachdem Sie bereits eine Suche durchgeführt haben, finden Sie am oberen Ende der Liste **Neue Suche**. Verwenden Sie die Taste **Zurück/ Schneller Rücklauf** auf dem Click Wheel, um die Einfügemarke im Suchfeld nach links zu bewegen.

Mit dem iPod mitsingen

Ab dem iPod nano (somit auch mit iPods der fünften Generation) können Sie im Display Songtexte anzeigen, die in iTunes gespeichert wurden. Der Text wird im Informationsfenster eines Titels (siehe Seite 34) eingefügt. Nach einer Synchronisation finden Sie den Text, wenn Sie während der Wiedergabe fünfmal die Mitteltaste drücken.

Videos

Im Menü **Videos** finden Sie alles, was mit bewegten Bildern zu tun hat. Der iPod (und natürlich iTunes) unterscheidet zwischen **Filmen**, **Fernsehsendungen** und **Musikvideos**. Diese Menüeinträge sind natürlich nur dann verfügbar, wenn Ihr iPod in der Lage ist, Videos wiederzugeben.

Filme

Sie finden alle auf dem iPod befindlichen Filme in diesem Menü. Sie starten einen Film, indem Sie diesen auswählen und dann auf die Mitteltaste des Click Wheel drücken.

Ausgeliehen

Hier finden Sie im iTunes Store ausgeliehene Filme.

Fernsehsendungen

Befinden sich Folgen von Fernsehserien auf Ihrem iPod, erscheinen sie in diesem Menü. Haben Sie eine Folge noch nicht wiedergegeben, erscheint ein blauer Punkt vor dem Namen der Folge.

Musikvideos

Im iTunes Music Store lassen sich auch Musikvideos herunterladen. Nach dem Kauf (oder nachdem Sie selbst ein Video in iTunes gespeichert haben) finden Sie die auf dem iPod befindlichen Videoclips im Menü **Musikvideos**.

Video-Wiedergabeliste

Wählen Sie dieses Menü, erscheinen alle in iTunes angelegten Wiedergabelisten, die eine beliebige Art von Video enthalten. Erstellen Sie daher in iTunes eine Wiedergabeliste, die ausschließlich Videos enthält.

Einstellungen

Der iPod bietet eine Reihe von Einstellungen für die Wiedergabe von Videos. So ist es z.B. mithilfe von Zubehör möglich, den iPod an ein Fernsehgerät oder an einen Beamer anzuschließen und damit Videos zu betrachten.

TV-Ausgabe Wählen Sie **Fragen**, **Ein** oder **Aus**. Diese Option ist nur dann verfügbar, wenn der iPod an ein Fernsehgerät oder einen Beamer angeschlossen ist.

TV-Signal Wählen Sie je nachdem, in welchem Land Sie sich befinden, **PAL** oder **NTSC**. In Europa wird PAL zur Signalübertragung verwendet, so dass Sie diese Einstellung verwenden sollten, da das Bild ansonsten sehr störend flackert.

TV-Bildschirm Möchten Sie ein Video bildschirmfüllend oder in den ursprünglichen Abmessungen wiedergeben? Einige Videos sind im Breitbildformat gespeichert, wählen Sie in diesem Fall **Breitbild**, so dass das Display völlig ausgefüllt wird.

Untertitel Obwohl diese Funktion beim Schreiben dieses Buchs noch nicht aktiv war, können Sie im iTunes Store gekaufte Filme und Fernsehsendungen mit Untertiteln versehen. Legen Sie die Option **Ein** fest, um hiervon Gebrauch zu machen.

Video auf dem iPod wiedergeben

Wenn Sie ein Video zur Wiedergabe auswählen, kann es eine kleine Verzögerung geben, da der iPod zunächst einen Teil zwischenspeichert. Das dauert bei Videos gewöhnlich etwas länger als bei Musik.

Betrachten Sie ein Video auf Ihrem iPod, möchten Sie vielleicht innerhalb des Films vor- oder zurückspulen. Genau wie bei Musik drücken Sie zuerst zweimal die **Mitteltaste** und fahren Sie danach (während die Wiedergabezeit und der Indikatorbalken ins Bild kommen) mit dem Daumen über das Click Wheel. Das funktioniert sowohl während der Wiedergabe als auch während das Video gestoppt wurde.

Drücken Sie zweimal auf die Mitteltaste, um innerhalb eines Videos zu spulen. Drücken Sie ein drittes Mal, um die Helligkeit des Displays einzustellen.

Fotos

Auf allen iPods mit Farbdisplay lassen sich auch Fotos betrachten. Lesen Sie auf Seite 79, wie Sie Fotos auf Ihren iPod übertragen. Sobald sich Fotos auf dem iPod befinden, erscheinen diese in derselben Ordnerstruktur wie sie auf Ihrem Computer gespeichert sind.

Wählen Sie **Alle Fotos**, um alle auf dem iPod befindlichen Fotos anzuzeigen. Drehen Sie über das Click Wheel, um ein Miniaturbild auszuwählen. Möchten Sie ein Foto in voller Bildschirmgröße betrachten, drücken Sie auf die **Mitteltaste**. Mit den Tasten **Vor/Schneller Vorlauf** und **Zurück/Schneller Rücklauf** können Sie auch durch die Fotos blättern.

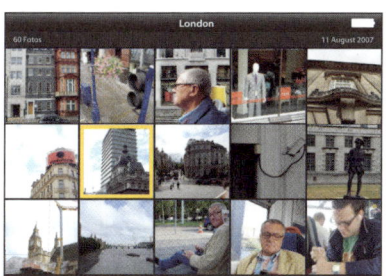

Nehmen Sie auch alle Fotos auf dem iPod mit. Mithilfe eines Kabels können Sie die Fotos auf einem Fernseher anzeigen.

Einstellungen für Fotos

Natürlich sind für das Betrachten von Fotos auf einem iPod zahlreiche Einstellungen vorzunehmen. Daher finden Sie im Menü **Fotos** den Eintrag **Einstellungen**. Unter dieser Option können Sie z.B. mit **Dauer pro Dia** die Anzeigedauer angeben. Dann wird nach der angegebenen Zeit automatisch zum nächsten Foto gewechselt. Möchten Sie die Diashow mit Musik untermalen? Wählen Sie dazu unter **Musik** einen Titel oder eine Wiedergabeliste aus. Zudem gibt es die Möglichkeit, eine Diashow zu wiederholen oder die Fotos in zufälliger Reihenfolge anzuzeigen. Wählen Sie dazu die Optionen **Wiederholen** bzw. **Zufällige Fotos**.

Bei einer Diashow geht ein Foto in das folgende über. Unter **Übergänge** können Sie die Art des Übergangs festlegen oder mit **Zufall** verschiedene Übergänge erwirken.

Unter **TV-Ausgang** geben Sie an, ob Sie den iPod an ein Fernsehgerät anschließen. Welchen Signaltyp dieses verwendet, stellen Sie unter **TV-Signal** ein, wobei **PAL** in Europa und **NTSC** in Amerika gebräuchlich sind.

Podcasts

Podcasts sind Radiosendungen, die im Internet ausgesendet werden. Mit iTunes können Sie einen solchen Podcast abonnieren. Weitere Informationen über Podcasts finden Sie ab Seite 125.

Sobald Sie den iPod mit iTunes synchronisieren, erscheinen auch die Podcasts auf dem iPod. Das Tolle ist, dass durch einen blauen Punkt angezeigt wird, welchen Podcast Sie noch nicht gehört oder betrachtet haben. So können Sie unterwegs Ihre Lieblings-Podcasts genießen.

Wählen Sie aus dem Hauptmenü **Podcast**, sehen Sie alle Podcasts übersichtlich untereinander. Ein Bildschirmsymbol ( ) vor dem Namen der Episode zeigt an, dass es sich um einen sogenannten Video-Podcast handelt, der bewegte Bilder beinhaltet. Haben Sie in diesem Menü einen Podcast ausgewählt, können Sie eine der verfügbaren Episoden wählen.

Alle Podcasts aus iTunes erscheinen auch auf dem iPod. Zudem sehen Sie, ob Sie die Episode bereits wiedergegeben haben.

Extras

Abhängig davon, welches iPod-Modell Sie besitzen, finden Sie eine Reihe praktischer Zusatzfunktionen. Wählen Sie im Hauptmenü den Eintrag **Extras**, um diese zu erreichen. Sie haben die Wahl aus folgenden Optionen:

Weltuhr Betrachten Sie die Uhrzeit und fügen Sie gegebenenfalls weitere Uhren hinzu, indem Sie auf die Mitteltaste drücken.

Kalender Haben Sie Ihren iPod von iTunes aus mit Ihrem Kalenderprogramm synchronisiert (siehe Seite 107), finden Sie hier die Einträge wieder.

Adressbuch Hier sehen Sie die Daten aller Kontakte aus Ihrem Adressbuch. Weitere Informationen zum Importieren von Kontaktdaten auf den iPod finden Sie auf Seite 108.

Betrachten Sie Kontakte auf dem iPod, die Sie hier allerdings nicht ändern oder hinzufügen können. Das geht nur am Computer.

Wecker Auf dem iPod der letzten Generation können Sie sich mithilfe eines Weckers erinnern lassen, was sehr praktisch ist, wenn Sie nichts vergessen möchten. Mit Musik aus dem iPod wach werden, toll!

Spiele Auf fast jedem iPod-Modell finden Sie Spiele. Diese werden immer besser, je neuer die iPod-Version ist. Über den iTunes Store können Sie sogar Spiele für den iPod herunterladen, siehe dazu Seite 124.

Notizen Sie können kleine Notizen auf dem iPod speichern. Sobald der iPod auf dem Schreibtisch (M) oder im Windows-Explorer (W) erscheint, können Sie kleine Textdateien in den Ordner **Notizen** auf dem iPod legen, die dann auf dem iPod abgerufen werden können. Es existieren sogar Skripten. Um neu empfangene E-Mails in diesen Ordner zu verschieben, suchen Sie im Internet nach "script ipod notizen".

Anzeigensperre Schützen Sie Ihren iPod mit einem vierstelligen Zahlencode. Haben Sie den Code verloren oder vergessen, müssen Sie den iPod mit Ihrem Computer neu installieren.

Stoppuhr Offenbar kommt kein digitales Gerät mehr ohne Stoppuhr aus. Der iPod kann mehrere Zeiten speichern und Mittel für Sie ausrechnen. Diese werden wahlweise gespeichert.

Einstellungen auf dem iPod

Natürlich sind auf dem iPod auch allgemeine Einstellungen vorzunehmen. Denken Sie z.B. an die Helligkeit des Displays oder den Equalizer. Unterhalb des Menüeintrags **Einstellungen** finden Sie eine ganze Reihe von Einstellungen:

Über Hier erhalten Sie allerlei Informationen über Ihren iPod, wie z.B. die Speicherkapazität und die aktuell verwendete Softwareversion.

Zufall und **Wiederholen** Legen Sie hier fest, Titel standardmäßig in zufälliger Reihenfolge wiederzugeben oder zu wiederholen.

Hauptmenü und **Musikmenü** Innerhalb dieser Menüeinträge können Sie angeben, welche Teile des Hauptmenüs bzw. des Musikmenüs sichtbar sind. Schalten Sie die einzelnen Einträge mithilfe der Mitteltaste ein oder aus.

Maximale Lautstärke Möchten Sie Ihr Gehör nicht unnötig schädigen, verwenden Sie diese Option, um die maximale Lautstärke des iPod festzulegen.

Beleuchtung Stellen Sie hier ein, wie lange der iPod-Bildschirm beleuchtet sein soll. Nach der angegebenen Anzahl an Sekunden geht das Licht von selbst aus.

Helligkeit Verwenden Sie eine geringere Helligkeit der Beleuchtung, um länger mit der Batterie auszukommen. Wenn Sie den Bildschirm besonders gut erkennen möchten, stellen Sie hier 100% ein.

Hörbücher Das sind vorgelesene Bücher für den iPod. Sie können die Lesegeschwindigkeit hier einstellen.

EQ Verwenden Sie eine bestimmte Equalizereinstellung, um den Klang Ihres iPods nach eigenem Geschmack zu optimieren.

Lautstärke anpassen Es kann vorkommen, dass verschiedene Titel auf dem iPod extrem unterschiedlich in ihrer Lautstärke sind. Aktivieren Sie diese Option, werden alle Titel auf dem iPod auf dasselbe Lautstärkeniveau geregelt.

Klicken Wenn Sie über das Click Wheel fahren, kann ein Geräusch erklingen.

Datum & Uhr Hier sehen Sie nicht nur das heutige Datum, sondern Sie können dieses wenn nötig hier korrigieren.

Sortieren nach Geben Sie hier an, ob Sie die Kontaktpersonen im Adressbuch nach Vor- oder Nachnamen sortieren möchten.

Sprache Wählen Sie hier die Menüsprache für den iPod.

Copyright Eine Übersicht aller *Copyrights* und Lizenzen für alle verwendeten Ausdrücke und Techniken des iPod.

Reset Settings Stellen Sie den iPod hier auf die Voreinstellungen zurück. Musik, Fotos und Videos auf dem iPod werden dabei nicht gelöscht.

Der iPod touch

Der iPod touch ist der jüngste Spross der iPod-Familie. Dieser iPod gleicht dem iPhone, sowohl vom Äußeren als auch von der Bedienung her. Dieser iPod hat auch den einzigartigen berührungssensitiven Bildschirm, der sehr farbintensiv ist, so dass Sie neben dem Hören von Musik auch Fotos und Videos betrachten können. Er ist in drei Versionen erhältlich, mit 8 GB, 16 GB und mit 32 GB Speicherkapazität. Mit ihren 8 mm sind alle drei Versionen extrem flach.

Die Bedienung des iPod ist einmalig, da sie mit Ihren Fingern erfolgt. Sie können den Bildschirm ganz einfach mit Ihrem Finger anfassen, der iPod reagiert direkt auf jede Berührung. Sie nutzen Ihren Finger ähnlich wie Sie es mit der Maus gewohnt sind, indem Sie klicken und ziehen. Apple hat jedoch auch eine neue Funktion erdacht, das Zoomen. Damit können Sie z.B. ein Foto sehr einfach vergrößern bzw. verkleinern. Berühren Sie dazu den Bildschirm mit zwei Fingern. Wenn sich die Finger immer weiter voneinander weg bewegen, vergrößern Sie. Verkleinern Sie, indem Sie die umgekehrte Bewegung machen. Verwenden Sie diese Technik bei Fotos und beim Surfen im Internet.

Auf dem iPod touch befinden sich nur zwei echte Tasten, die große runde Taste und die rechteckige Taste an der Oberseite des iPod.

Die große runde Taste, die sich unten auf dem iPod touch befindet, bringt Sie jederzeit zum Hauptmenü zurück. Apple nennt sie die **Home-Taste**. Mit der rechteckigen Taste an der Oberseite des iPod können Sie die Tastensperre einschalten. Das ist praktisch, wenn Sie den iPod z.B. in Ihrer Hose oder Tasche mitnehmen und verhindern möchten, dass er sich ungewollt einschaltet. Der iPod geht dann in Standby. Indem Sie dieselbe Taste erneut drücken, können Sie den iPod wieder bedienen. Heben Sie die Sperre dauerhaft auf, indem Sie den Finger auf dem Schieberegler leicht von links nach rechts bewegen. Halten Sie die Taste an der Oberseite lange gedrückt, um den iPod völlig auszuschalten. Dadurch verbraucht der iPod touch keinen Strom mehr und kann sich nicht unbemerkt entladen.

Hauptmenü

Im Hauptmenü des iPod touch finden Sie folgende Symbole: **Safari**, **Kalender**, **Mail**, **Kontakte**, **YouTube**, **Aktien**, **Karten**, **Wetter**, **Uhr**, **Rechner**, **Notizen**, **Einstellungen**, **Musik**, **Videos**, **Fotos** und **iTunes Wi-Fi Store**. Wir werden diese Bereiche im Folgenden kurz erläutern.

Das Hauptmenü des iPod touch

Safari

Natürlich können Sie mit dem iPod schon lange weit mehr als nur Musik hören. Mit dem iPod touch können Sie sogar im Internet surfen, wie Sie es von einem normalen Computer gewohnt sind. Das funktioniert sogar völlig drahtlos, da Apple dem iPod touch Wi-Fi spendiert hat. Überall, wo ein drahtloses Netzwerk zur Verfügung steht (und das ist immer häufiger der

Fall), können Sie ins Internet. Häufig sind solche Netzwerke kennwortgeschützt, in diesem Fall müssen Sie das Kennwort eintragen, da Sie ansonsten keine Verbindung aufnehmen können.

Der Internet Browser im iPod heißt Safari. Tippen Sie vom Hauptmenü aus mit Ihrem Finger auf das Safari-Symbol, um den Browser zu starten. Wenn eine drahtlose Internetverbindung verfügbar ist, öffnet sich die Startseite.

Der iPod touch kann sowohl horizontal als auch vertikal verwendet werden. Kippen Sie den iPod, werden Sie sehen, dass der Bildschirm sich automatisch anpasst. Oben finden Sie das Adressfeld, in das Sie Internetadresse (URL) eingeben. Ganz rechts sehen Sie einen runden Pfeil, mit dem Sie die Internetseite erneut laden können. Das kann manchmal nötig sein, wenn eine Seite aufgrund des schlechten drahtlosen Empfangs nicht vollständig geladen ist. Der untere Bildschirmrand zeigt fünf Symbole. Mit den beiden Pfeilen gelangen Sie zu der vorherigen bzw. nächsten Seite, wie Sie es von jedem anderen Browser kennen. Neben den Pfeilen sehen Sie ein Pluszeichen, mit dem Sie ein Lesezeichen speichern können. Daneben befindet sich ein Buchsymbol. Hier finden Sie die mit einem Lesezeichen versehenen Seiten. Neben dem Buch ist ein Symbol, das zwei Bildschirme zeigt. Klicken Sie hierauf, um ein weiteres Browserfenster zu öffnen. Sie können dann bequem auf zwei verschiedenen Seiten gleichzeitig surfen. Tippen Sie erneut auf das Symbol, um zum vorherigen Fenster zurückzukehren.

Die Geschwindigkeit des Internets ist immer vom Abstand zwischen dem iPod (Empfänger) und dem Sender abhängig. In der linken oberen Ecke zeigt der iPod an, wie gut der momentane Empfang ist. Sehen Sie zwischen drei und vier Balken, funktioniert das Internet meistens perfekt.

Kalender

Mit dem iPod haben Sie gleichzeitig immer Ihren Kalender dabei. In iTunes können Sie angeben, ob Sie Kalenderdaten aus iCal (M) oder Outlook (W) synchronisieren möchten. Ihr Computer wird dann jedes Mal, wenn Sie den iPod anschließen, automatisch alle (neuen) Kalenderdaten auf den iPod übertragen. Mittlerweile können Sie sowohl nachschlagen als auch neue Termine in den Kalender eintragen. Verwenden Sie dazu das Pluszeichen rechts oben im Kalender. Oben im Kalenderfenster befinden sich zudem Tasten, um schnell zur Tages- oder Monatsübersicht zu gelangen bzw. eine Liste mit allen Ereignissen in chronologischer Reihenfolge anzuzeigen.

Mail

Mail versetzt Sie in die Lage, unterwegs E-Mails abzurufen und zu versenden, fast so wie am heimischen Computer. Voraussetzungen dafür sind ein konfigurierter E-Mail-Account sowie eine drahtlose Internetverbindung. Das Konfigurieren eines E-Mail-Accounts funktioniert einfach bei der Synchronisierung mit iTunes oder manuell auf dem iPod touch. iTunes unterstützt Mail und Microsoft Entourage (M) sowie Microsoft Outlook 2003 und 2007 sowie Outlook Express (W).

Schließen Sie den iPod touch für die automatische Konfiguration an Ihren Computer an und blenden Sie die Seite **Infos** ein. Aktivieren Sie unter Mail-Accounts das Markierungsfeld **Ausgewählte Mail-Accounts synchronisieren** und wählen Sie den oder die gewünschten Account(s). Die manuelle Konfiguration erfolgt auf dem iPod touch in den Einstellungen zu Mail. Tippen Sie dort auf **Account hinzufügen** und geben Sie die Account-Informationen ein.

Tippen Sie zum Versenden von E-Mails im Hauptmenü auf **Mail** und dort auf das Symbol rechts unten. Tippen Sie mithilfe der eingeblendeten Tastatur den Empfänger sowie den Text ein und tippen Sie auf **Senden**.

Haben Sie E-Mails empfangen, wird die Anzahl der Nachrichten an der Taste **Mail** erkennbar. Tippen Sie im Hauptmenü auf **Mail** und auf **Eingang**, um die eingegangenen Nachrichten aufzulisten. Ungelesene E-Mails sind mit einem blauen Punkt versehen.

Kontakte

In **Kontakte** haben Sie eine Übersicht aller Kontaktdaten von Personen oder Firmen. Mit iTunes können Sie alle Kontaktdaten aus Adressbuch (M) oder Outlook (W) mit dem iPod synchronisieren. Dabei werden automatisch alle Kontaktdaten auf den iPod übertragen, sobald Sie diesen an den Computer anschließen. Erfreulicherweise können Sie in **Kontakte** auch auf dem iPod touch selbst neue Kontakte anlegen oder bestehende Kontakte bearbeiten. Tippen Sie hierzu auf das Pluszeichen in der rechten oberen Ecke des Bildschirms bzw. auf **Bearbeiten**. Haben Sie in iTunes angegeben, dass die Kontakte synchronisiert werden sollen, werden auch die auf dem iPod angelegten Kontakte automatisch auf den Computer übertragen.

YouTube

Die Website Youtube.com, auf der man alle möglichen Filme betrachten kann, gewann in kürzester Zeit an großer Beliebtheit. Nichts ist zu verrückt, als dass man es nicht auf YouTube finden könnte. Natürlich können Sie youtube.com mit Safari besuchen, aber Apple hat es Ihnen viel einfacher gemacht. Mit einem einfachen Antippen des kleinen TV-Geräts starten Sie das Programm YouTube. Dieses ist zur Verwendung auf dem iPod

touch optimiert und funktioniert dadurch noch schneller als die Website von YouTube selbst. Die einzige Voraussetzung zur Verwendung von YouTube ist eine drahtlose Internetverbindung.

Wenn Sie YouTube starten, erscheint eine Liste mit den am häufigsten betrachteten Videos. Im oberen Teil des Bildschirms können Sie die am häufigsten betrachteten Videos von heute, dieser Woche bzw. die am häufigsten betrachteten Videos aller Zeiten auswählen. Scrollen Sie dann durch die Liste der Videos. Ziehen Sie mit Ihrem Finger über den Bildschirm, sehen Sie, dass dieser sich fließend bewegt und dass eine Beschreibung sowie ein Bild des Videos angezeigt werden. Tippen Sie mit dem Finger doppelt auf ein Video, wird das Video geladen und wiedergegeben.

Die Wiedergabe von Videos erfolgt immer im Breitbildformat, Sie müssen den iPod daher für eine optimale Wiedergabe kippen. Gefällt Ihnen ein Video, können Sie ein Lesezeichen anlegen. Tippen Sie mit dem Finger auf das Buchsymbol und speichern Sie das Video.

Aktien

Dieses Programm dient dem Abrufen von Aktienkursen, die jeweils beim Öffnen des Programms aktualisiert werden, was natürlich eine drahtlose Internetverbindung voraussetzt. Tippen Sie unten rechts auf das Info-Symbol und auf das Pluszeichen oben links, um eine Aktie, einen Index oder einen Fond hinzuzufügen. Geben Sie die Firma oder Aktienkennung ein und tippen Sie auf **Suchen**. Wählen Sie einen der angezeigten Werte aus. Im unteren Teil können Sie die Entwicklung in verschiedenen Zeiträumen von einem Tag (1T) bis hin zu zwei Jahren (2J) abrufen.

Karten

Mit diesem Programm können Sie Orte suchen und Routen anfragen. Tippen Sie in das Suchfeld und geben Sie eine Adresse oder einen anderen Suchbegriff über die Tastatur ein. Tippen Sie anschließend auf **Suchen**. Der gesuchte Ort wird auf einer Karte mit einem Pin markiert, der beim Antippen weitere Informationen bietet. Tippen Sie unten auf die linke Taste, kann je nach Art des Wi-Fi-Netzwerks, in dem Sie sich befinden, Ihre aktuelle Position ermittelt und auf einer Karte angezeigt werden.

Möchten Sie eine Wegbeschreibung erhalten, tippen Sie unten auf **Route**. Geben Sie Ausgangspunkt und Zielort ein und tippen Sie auf **Route**, um die Berechnung zu starten.

Wetter

Dieses Programm zeigt das aktuelle Wetter bzw. eine Wettervorhersage für eine beliebige Stadt bzw. mehrere Orte an. Tippen Sie auf das Info-Symbol und auf das Pluszeichen, um weitere Städte hinzuzufügen. Tippen Sie den Namen oder eine Postleitzahl ein und tippen Sie auf **Suchen**. Wählen Sie die gewünschte Stadt aus der Liste. Die Temperatur kann wahlweise in Fahrenheit oder Celsius angezeigt werden. Kehren Sie mit **Fertig** zur Wetteranzeige zurück.

Uhr

Eigentlich erklärt sich die Uhr selbst, hier können Sie natürlich sehen, wie spät es ist. Apple hat jedoch noch eine Reihe Extras hinzugefügt. Unten sehen Sie die vier folgenden Optionen: **Weltuhr**, **Wecker**, **Stoppuhr** und **Timer**.

Weltuhr In der Weltuhr können Sie bequem sehen, wie spät es aktuell am anderen Ende der Welt ist. Fügen Sie weitere Orte hinzu, indem Sie rechts oben auf das Pluszeichen tippen. Daraufhin erscheint eine kleine Tastatur, mit der Sie den Namen einer Stadt eintippen können. Tippen Sie auf eine der angezeigten Städte, wird diese (mit der entsprechenden Uhrzeit) zur Liste hinzugefügt.

Wecker Wer möchte nicht mit einer netten Musik geweckt werden? Tippen Sie unten auf **Wecker**, um in ein neues Fenster zu gelangen, in dem Sie die Wecker einstellen können. Tippen Sie auf das Pluszeichen und stellen Sie die Weckzeit ein. Legen Sie anschließend unter **Wiederholen** fest, ob der Weckvorgang wiederholt werden soll, wie z.B. jeden Montag. Der Weckruf ertönt dann jeden Montag zur eingestellten Zeit. Leider können Sie sich nicht mit Ihrer Lieblingsmusik wecken lassen. Unter **Ton** legen Sie fest, mit welchem Sound Sie geweckt werden möchten. Die Funktion Snooze ist wahrscheinlich den meisten von uns bekannt. Die Snooze-Taste ist häufig der Grund, warum man zu spät kommt, obwohl der Wecker auf die richtige Zeit gestellt war. Sehr praktisch, aber ...

Stoppuhr Eine Stoppuhr kann z.B. beim Sport sehr praktisch sein. Die Stoppuhr ist schlicht, erfüllt aber ihren Zweck. Tippen Sie unten auf **Stoppuhr**, erscheinen zwei Tasten: **Starten** und **Löschen**. Einfacher geht es nicht. Tippen Sie auf **Starten** und die Zeit läuft.

Timer Sie können die Zeit auch ablaufen lassen. Tippen Sie dazu auf **Timer** und stellen Sie die Zeit mithilfe von zwei virtuellen Drehrädern ein. Tippen Sie auf **Starten**, beginnt der Countdown.

Rechner

Mal eben schnell eine Summe im Supermarkt addieren? Mit dem integrierten Taschenrechner eine Kleinigkeit. Tippen Sie auf das Taschenrechnersymbol, erscheint ein einfacher Rechner mit den Standardrechenarten.

Notizen

Mit diesem kleinen Programm können Sie kurze Notizen verfassen, lesen und sogar per E-Mail versenden. Verfassen Sie Notizen mithilfe der eingeblendeten

Tastatur und beenden Sie die Eingabe mit **Fertig**. Tippen Sie oben rechts auf das Pluszeichen, um eine weitere Notiz zu verfassen. Beim Öffnen des Programms werden Ihre Notizen aufgelistet, wobei der Anfang jeder Notizen sichtbar ist. Tippen Sie auf eine Notiz, um diese ganz einzublenden. Tippen Sie in die Notiz, wird die Tastatur eingeblendet und Sie können weitere Eingaben machen. Verwenden Sie die Pfeiltasten unten links und rechts, um die vorherige bzw. nächste Notiz anzuzeigen. Möchten Sie eine Notiz per E-Mail versenden, tippen Sie auf die Notiz und anschließend unten auf das Briefumschlag-Symbol.

Einstellungen

Mit **Einstellungen** können Sie den iPod touch ganz nach Bedarf einstellen.

Wi-Fi Unter Wi-Fi finden Sie alles im Zusammenhang mit drahtlosem Internet. Sie können Wi-Fi an- oder ausschalten. Das Ausschalten von Wi-Fi kann praktisch sein, wenn Sie die Batterie schonen möchten. Der iPod touch sucht immer automatisch nach neuen Netzwerken. Wenn Sie sicher sind, dass Sie sich in einem Gebiet ohne drahtloses Netzwerk aufhalten, schalten Sie Wi-Fi aus.

Sie erhalten eine Übersicht aller drahtlosen Netzwerke, die der iPod gefunden hat. Befindet sich ein kleines Schloss davor, ist das Netzwerk geschützt. Wenn Sie dieses Netzwerk wählen, müssen Sie ein Kennwort eintragen, um das Netzwerk nutzen zu können.

Ganz unten finden Sie die Option **Verbinden bestätigen**. Ist diese Option aktiviert, fragt der iPod jedes Mal, wenn er ein neues Netzwerk findet, ob Sie sich einwählen möchten.

Helligkeit Sie können die Helligkeit des Bildschirms selbst anpassen. Man ist leicht geneigt, die Helligkeit immer auf maximal einzustellen, bedenken Sie jedoch, dass das zu Lasten der Batterielaufzeit geht. Mit der Funktion **Auto-Helligkeit** passt der iPod die Helligkeit des Bildschirms automatisch an. Sind Sie in einem dunkleren Raum, ist es nicht nötig, die maximale Helligkeit zu verwenden, da das sehr grell sein kann. Ist die Option **Auto-Helligkeit** aktiviert, wird die Helligkeit automatisch an die Umgebung angepasst, in einem dunklen Raum wird die Helligkeit daher abnehmen.

Allgemein

An Ihrem iPod touch gibt es viel einzustellen. Im Folgenden finden Sie eine Über-sicht aller Einstellungen, die Sie im Menü **Allgemein** finden.

Unter **Info** finden Sie alle Daten über Ihren iPod touch. Hierunter fallen folgende Daten: die Anzahl der Titel, die Anzahl der Videos, die Anzahl der Fotos, die ge-samte Speicherkapazität, der verfügbare Speicherplatz, die Softwareversion, die Serienummer, die Modellnummer und die Wi-Fi-Adresse.

Hintergrundbild Ist der iPod gesperrt, werden die Zeit und ein Hintergrundbild angezeigt, wenn Sie auf die **Home-Taste** tippen. Apple hat standardmäßig ein sehr hippes Foto festgelegt, Ihr iPod wird jedoch viel persönlicher, wenn Sie ein eigenes Foto als Hintergrund definieren. Gehen Sie vor wie folgt, um ein eigenes Foto als Hintergrundbild festzulegen:

1. Tippen Sie auf **Einstellungen**.

2. Wählen Sie **Allgemein**.

3. Tippen Sie auf **Hintergrundbild**.

4. Wählen Sie einen Ordner, aus dem Sie ein Foto wählen möchten. Haben Sie noch keine Fotos auf den iPod übertragen, ist nur ein Ordner verfügbar.

5. Tippen Sie auf das Foto, das Sie als Hintergrund verwenden möchten.

6. Das Foto wird nun angezeigt. Haben Sie ein eigenes Foto gewählt, können Sie dieses noch anpassen, indem Sie ein- oder auszoomen oder es verschie-ben. Wählen Sie **Hintergrund**.

Datum & Uhrzeit Das Einstellen von Datum und Zeit erfolgt im Fenster **Datum & Uhrzeit**. Unter 24-Stunden können Sie wählen, ob Sie eine 24- oder 12-Stunden-Anzeige möchten, wie sie in den USA häufig verwendet wird.

Befinden Sie sich in einer anderen Zeitzone, müssen Sie die Zeit nicht manuell anpassen. Geben Sie unter **Zeitzone** nur den Namen der (großen) Stadt oder des Landes an, wird automatisch die lokale Zeit angezeigt.

Die Funktion **Datum & Uhrzeit einstellen** erklärt sich selbst und wird wohl je-der mal benutzen. Zeitzonen-Support kann praktisch sein, wenn Sie Termine in Ländern mit verschiedenen Zeitzonen haben. Ist diese Funktion ausgeschaltet, werden Kalendereinträge immer in der lokalen Zeit angezeigt. Ist die Funktion eingeschaltet, wird die lokale Zeit des Landes angegeben, in dem der Termin stattfindet, z.B. New York. Tragen Sie in diesem Fall unter Zeitzone New York ein.

Landeseinstellungen Die Sprache können Sie im Menü **Landeseinstellungen** verändern. Standardmäßig ist der iPod touch mit 17 verschiedenen Sprachen versehen, darunter auch Deutsch. Auch die kleine Tastatur, dier erscheint, wenn

Sie Text eingeben müssen, kann angepasst werden. Wenn Sie Deutsch als Sprache wählen, werden auch die hier gebräuchlichen Tastatureinstellungen verwendet. Dasselbe gilt für **Regionales Format**.

Automatische Sperre Sie können einstellen, dass der iPod nach einer bestimmten Zeit der Inaktivität automatisch gesperrt wird. In diesem Menü haben Sie die Wahl zwischen **1**, **2**, **3**, **4**, **5 Minuten** oder **Nie**.

Passcode-Sperre Möchten Sie verhindern, dass andere unbemerkt auf Ihrem iPod schnüffeln? Versehen Sie den iPod touch einfach mit einem Zahlencode. Dieser muss dann jedes Mal eingegeben werden, wenn der iPod gesperrt war. So kann nur derjenige den iPod verwenden, der den Code kennt. Tippen Sie auf **Passcode-Sperre**, um einen Code festzulegen. Dieser wird zweimal abgefragt, so dass Sie sicher sein können, den richtigen Code eingetippt zu haben.

Toneffekte Sie können den iPod in folgenden Situationen einen Toneffekt wiedergeben lassen: für eingetragene Termine, während des Sperrens und Entsperrens des iPods und während des Tippens auf der Tastatur.

In diesem Menü legen Sie fest, ob die Toneffekte ausgegeben werden. Schalten Sie diese aus oder geben Sie diese über den Lautsprecher, den Kopfhörer oder beide wieder.

Tastatur Legen Sie unter **Auto-Großschreibung** fest, ob jeder Satz automatisch mit einem Großbuchstaben begonnen werden soll. Aktivieren Sie die **Feststelltaste**, um durch zweimaliges Tippen der Umschalttaste Großbuchstaben zu schreiben. Mit **„."-Kurzbefehl** können Sie einen Punkt mit nachfolgendem Leerzeichen eingeben, indem Sie zweimal nacheinander auf die Leertaste tippen.

Zurücksetzen In diesem Menü können Sie den iPod auf die Standardeinstellungen zurücksetzen. Diese Funktion lässt sich nicht rückgängig machen.

Musik

Lautstärke anpassen Einige Titel sind bei gleicher Lautstärkeeinstellung lauter als andere. Mit der Funktion **Lautstärke anpassen** wird die Lautstärke aller Titel des iPod aufeinander abgestimmt. Dadurch entstehen weniger Lautstärkedifferenzen zwischen den Titeln.

Hörbuch-Vorlesen Wenn Sie im iTunes Store ein Hörbuch kaufen, können Sie die Geschwindigkeit einstellen, mit dem dieses vorgelesen wird. Sie haben die Wahl zwischen **Langsamer**, **Normal** oder **Schneller**.

EQ Der Klang des iPod touch kann an die Art der Musik bzw. den Stil angepasst werden. Tippen Sie auf **EQ** (für Equalizer), erscheint eine lange Liste von Einstellungen, von denen jede für eine andere Klangfarbe sorgt.

Maximale Lautstärke Glücklicherweise ist die maximale Lautstärke des iPod schon leiser als die des früheren Walkman. Wenn Sie vorsichtig mit Ihrem Gehör umgehen möchten, können Sie die Lautstärke begrenzen. Die Lautstärke wird dann nicht lauter als die hier eingestellte.

Video

Legen Sie hier fest, ob Videos am Anfang oder ab dem letzten Stopp starten. Der iPod kann an ein TV-Gerät angeschlossen werden. Geben Sie hier an, ob das Gerät eine Breitbildanzeige hat. Daraufhin verändern sich die Bildproportionen. Geben Sie des Weiteren an, ob Sie **PAL** (ein europäisches Gerät) oder **NTSC** (ein amerikanisches Gerät) verwenden, was die Auflösung verändert.

Fotos

Der iPod touch kann Diashows wiedergeben. Fotos werden automatisch nacheinander angezeigt und mit Übergängen versehen. Sie können angeben, wie lange jedes Dia (Foto) angezeigt werden soll. Auch die Übergänge können festgelegt werden. Der Übergang Würfel sieht zwar sehr reizvoll aus, wird aber schnell langweilig. Überblenden ist ein Übergang, an dem man sich nicht so schnell satt sieht. Die Diashow kann kontinuierlich wiederholt werden, was z.B. schön sein kann, wenn die Fotos auf einer Party auf dem Fernseher gezeigt werden. Des Weiteren steht die Funktion **Zufällig** zur Verfügung, die Fotos werden in dieser Einstellung in zufälliger Reihenfolge angezeigt.

Mail

Fügen Sie hier einen E-Mail-Account hinzu und konfigurieren Sie diesen für den iPod touch. Die hier vorgenommenen Einstellungen wirken sich nicht auf die des Computers aus.

Safari

Mit der integrierten Suchfunktion von Safari können Sie die beiden beliebtesten Suchmaschinen im Internet, Google und Yahoo, verwenden. Safari ist ein vollwertiger Internet Browser, wie Sie ihn von einem normalen Computer kennen. Sie können einstellen, ob Safari die Skriptsprache JavaScript und weitere *Plug-ins*, die von manchen Sites verlangt werden, unterstützt. Schalten Sie diese Optionen ein, da es wenig Gründe gibt, die dagegen sprechen.

Zum Glück lassen sich Pop-up-Fenster unterdrücken. Dabei handelt es sich um Fenster, die auf manchen Seiten automatisch geöffnet werden. Diese Fenster sind häufig mit Werbung versehen. Wenn Sie keine derartige Werbung erhalten möchten, schalten Sie die Funktion **Pop-Ups unterdrücken** ein.

Cookies sind kleine Dateien, die auf Ihrem Computer (oder in diesem Fall dem iPod) gespeichert werden. Mithilfe von solchen Cookies können bestimmte Internetsites Sie als Besucher wieder erkennen. Das ist häufig bei Sites wie z.B. Windows Live Hotmail der Fall, wo Ihre E-Mail-Adresse bereits von einer früheren Internetsitzung bekannt ist. Ihre Adresse ist dann in einem Cookie gespeichert. Möchten Sie anonym surfen oder wollen Sie nicht, dass Cookies auf Ihrem iPod gespeichert werden, können Sie diese Funkion ausschalten.

Normalerweise werden alle Sites, die Sie besucht haben, gespeichert, und lassen sich daher erneut aufrufen. Der Verlauf kann einfach gelöscht werden. Wenn sowohl die Cookies als auch der Verlauf gelöscht werden, kann auf dem iPod nicht mehr ermittelt werden, welche Internetsites besucht wurden.

Kontakte

In diesem Menü legen Sie fest, wie die Namen im **Adressbuch** sortiert werden.

Musik

Tippen Sie auf das Symbol **Musik**, gelangen Sie in den Bereich des iPod, den Sie vermutlich am meisten nutzen: die Musikwiedergabe. Im Musikbereich sehen Sie unten fünf neue Symbole: **Listen**, **Interpreten**, **Titel**, **Alben** und **Weitere**. Diese Namen entsprechen denen in iTunes und sprechen für sich. Zur Sicherheit gehen wir sie ganz kurz durch.

In iTunes können Sie sogenannte Wiedergabelisten anlegen. So können Sie Ihre Lieblingstitel in der gewünschten Reihenfolge wiedergeben. Alle in iTunes angelegten Wiedergabelisten lassen sich auf den iPod übertragen. Sie können sogar auf dem iPod eine Wiedergabeliste anlegen. Tippen Sie auf **On-the-go**, können Sie dieser Liste Titel hinzufügen, indem Sie auf das blaue Pluszeichen tippen.

Tippen Sie auf **Interpreten**, um eine Übersicht aller Interpreten zu erhalten. Fahren Sie mit Ihrem Finger über den Bildschirm, um durch alle Interpreten zu scrollen. Tippen Sie auf **Weitere**, erhalten Sie unter **Podcasts** aller auf dem iPod befindlichen Podcasts. Weitere Informationen über Podcasts finden Sie auf Seite 123. Neben Podcasts finden Sie hier weitere Arten, durch Ihre Musik zu blättern, nämlich nach **Hörbüchern**, **Compilations**, **Komponisten** und **Genres**.

Tippen Sie auf einen Titel, um diesen wiederzugeben, wird das Albumcover angezeigt. Unten finden Sie die wichtigsten Funktionen: einen Lautstärke-Schieberegler, Schneller Rücklauf, die Start/Pause-Taste und Schneller Vorlauf. Während der Wiedergabe können Sie viele andere Funktionen des iPods nutzen. Tippen Sie auf die **Home-Taste**, um z.B. im Kalender etwas nachzusehen.

Cover Flow

Ein Bild sagt oft mehr als tausend Worte. Das gilt auch für Albumcover. Einige Alben erkennt man sogar am Cover. Mit Cover Flow können Sie durch alle Albumcover blättern, was es noch angenehmer und einfacher macht, Musik wiederzufinden. Wenn Sie z.B. nach **Interpreten** suchen, können Sie den iPod kippen, woraufhin sich die Anzeige ändert. Sie sehen alle Albumcover und können bequem durch Ihre Musiksammlung blättern. Tippen Sie doppelt auf ein Cover, dreht dieses sich um und Sie sehen die enthaltenen Titel. Tippen Sie auf einen Titel, um diesen wiederzugeben.

Cover Flow bekommt
auf dem iPod touch
eine neue Dimension.

Videos

Man konnte schon früher Videos auf einem iPod betrachten, mit dem iPod touch
wird es jedoch zu einem echten Vergnügen. Die sehr gute Bildschirmqualität fällt
beim Betrachten von Videos angenehm auf. Videos lassen sich iTunes aus auf
den iPod touch übertragen. Tippen Sie im Hauptmenü des iPod auf das **Videos**-
Symbol, um eine Übersicht aller vorhandenen Videos zu erhalten. Tippen Sie
doppelt auf ein Video, um dessen Wiedergabe zu starten.

Fotos

Im Übersichtsfenster in iTunes können Sie festlegen, welche Fotoalben auf den
iPod touch übertragen werden sollen. Sie erreichen diese, wenn Sie im Hauptmenü auf **Fotos** tippen. Wählen Sie ein Album, das Sie betrachten möchten, und
tippen Sie darauf. Daraufhin erhalten Sie eine Übersicht aller enthaltenen Fotos.
Scrollen Sie einfach durch die Fotos, indem Sie den Finger über den Bildschirm
bewegen (ziehen). Tippen Sie ein bestimmtes Foto an, um dieses größer anzuzeigen. Sie können den iPod dabei sowohl horizontal als auch vertikal halten. Der
iPod passt sich automatisch an. Möchten Sie in das Bild zoomen, bewegen Sie
einfach zwei Finger voneinander weg.

Beim Betrachten eines Fotos können Sie unten auf das Dreieck-Symbol tippen.
Damit startet eine automatische Diashow mit in den Einstellungen definierten
Übergängen.

iTunes Wi-Fi Store

Apple macht es Ihnen sehr bequem, Sie können jetzt sogar vom iPod aus Musik
kaufen. Wie im iTunes Store auf dem Computer kostet ein Titel 99 Cent. Wenn
eine drahtlose Internetverbindung besteht, können Sie mit dem iPod Musik kaufen. Zum Einkaufen benötigen Sie, ebenso wie für den herkömmlichen iTunes
Store, eine Apple ID. Beim Einrichten einer Apple ID können Sie zwischen der
Bezahlung per Kreditkarte oder per Gutschein wählen. Diese Gutscheine kann
man als eine Art Prepaid-Karte betrachten. Sie können online erworben werden
und enthalten ein Guthaben, das Sie im iTunes Store einlösen können.

Stellen Sie eine Verbindung zum iTunes Store her, indem Sie auf das violette **iTunes**-Symbol tippen. Dazu ist natürlich eine Internetverbindung erforderlich. Unten sehen Sie vier kleine Symbole: **Highlights**, **Hitlisten**, **Suchen** und **Downloads**.

Tippen Sie auf **Highlights**, um eine Übersicht der von iTunes empfohlenen Titel zu erhalten. Das können neue oder besonders angesagte Interpreten sein. Sie können wie auf einer Internetseite durch den Store navigieren. Tippen Sie auf einen Interpreten (oder ein Album), um eine Übersicht der Titel zu erhalten. Sie können eine 30-sekündige Hörprobe der Titel wiedergeben, um einen ersten Eindruck zu erhalten.

Das Symbol **Hitlisten** zeigt nach Genre sortiert die am meisten verkauften Interpreten. Mit der Funktion **Suchen** können Sie nach einem bestimmten Interpreten oder einem Titel suchen. Unter **Downloads** erhalten Sie eine Übersicht aller bis dato heruntergeladenen Titel.

Den iPod touch synchronisieren

Das Übersichtsfenster des iPod touch unterscheidet sich kaum von dem anderer iPod-Modelle. Der Bereich **Info** mit den Synchronisierungseinstellungen ist der einzige, der anders ist:

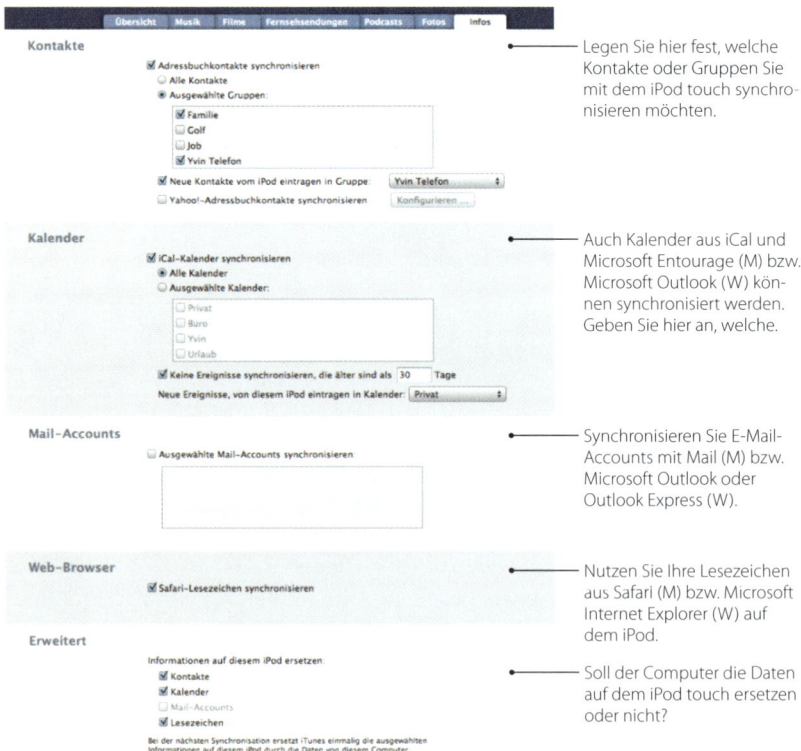

Legen Sie hier fest, welche Kontakte oder Gruppen Sie mit dem iPod touch synchronisieren möchten.

Auch Kalender aus iCal und Microsoft Entourage (M) bzw. Microsoft Outlook (W) können synchronisiert werden. Geben Sie hier an, welche.

Synchronisieren Sie E-Mail-Accounts mit Mail (M) bzw. Microsoft Outlook oder Outlook Express (W).

Nutzen Sie Ihre Lesezeichen aus Safari (M) bzw. Microsoft Internet Explorer (W) auf dem iPod.

Soll der Computer die Daten auf dem iPod touch ersetzen oder nicht?

4

Wiedergabelisten

Es ist klasse, Musik nicht nur aus der Bibliothek wiederzugeben, sondern in die gewünschte Reihenfolge zu bringen, was Sie in iTunes mithilfe von Wiedergabelisten tun. Dabei handelt es sich um eine Art Unterbibliothek, in die Sie nach Herzenslust Titel einfügen, deren Reihenfolge ändern und vielleicht einzelne Titel wieder entfernen, ohne dass diese von der Festplatte gelöscht werden. Die in iTunes erstellten Wiedergabelisten werden auch auf dem iPod sichtbar und können zum Brennen von CDs genutzt werden.

Wiedergabeliste anlegen

1 Klicken Sie unten links im iTunes-Fenster auf **Hinzufügen** (**+**) oder wählen Sie **Ablage/Neue Wiedergabeliste** (M) bzw. **Datei/Neue Wiedergabeliste** (W). In der Liste **Quelle** erscheint unter **Wiedergabelisten** eine neue Wiedergabeliste.

2 Geben Sie der Wiedergabeliste mithilfe der Tastatur einen Namen.

3 Ziehen Sie die gewünschten Titel aus der Bibliothek in die Wiedergabeliste. Drücken Sie die ⇧-Taste, um mehrere aufeinanderfolgende Titel auszuwählen. Halten Sie die ⌘-Taste (M) oder die Strg-Taste (W), um nicht unmittelbar aufeinanderfolgende Titel auszuwählen.

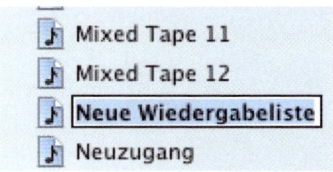

Sie können den Namen einer Wiedergabeliste ändern, indem Sie diesen doppelklicken.

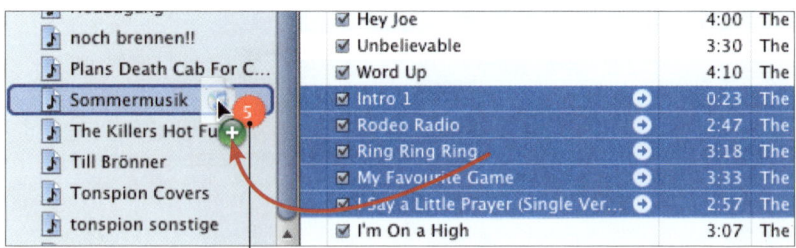

Der Mauszeiger erhält einen Kreis mit der Anzahl der Titel, die Sie der Wiedergabeliste hinzufügen.

Klicken Sie nun auf den Namen der Wiedergabeliste, um diese anzuzeigen. Die Wiedergabe von Titeln in einer Wiedergabeliste funktioniert genau wie in der Bibliothek, doppelklicken Sie auf einen Titel, klicken Sie auf die Wiedergabe-Taste oder drücken Sie die Leertaste.

Wiedergabelisten bearbeiten

Innerhalb einer Wiedergabeliste können Sie die Reihenfolge der Titel verändern, indem Sie einen Titel mit der Maus nach oben oder unten ziehen. Eine dünne schwarze Linie zeigt die neue Position des Titels an.

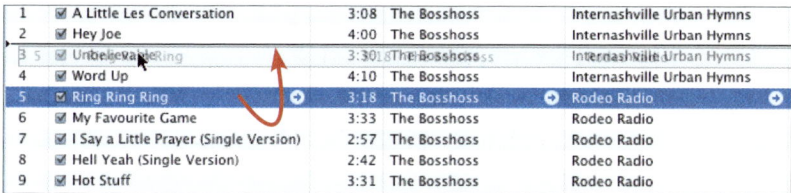

Ziehen Sie einen Titel, um diesen an eine andere Position zu bringen.

Unten im Fenster werden die Anzahl der in der Wiedergabeliste enthaltenen Titel sowie deren Dauer und Dateigröße angezeigt. Wenn Sie von der Wiedergabe-liste eine CD brennen möchten, müssen Sie darauf achten, dass die Gesamtlänge der Titel nicht mehr als 74 Minuten beträgt.

15 Titel, 46,5 Minuten, 46,3 MB

Hier sehen Sie die Gesamtlänge der Musik in Minuten. Befinden sich mehr Titel in einer Wiedergabeliste, wird die Länge in Stunden oder Tagen angegeben.

Sie können den Namen einer Wiedergabeliste ändern, indem Sie auf diesen doppelklicken. Dabei wird der Name markiert und Sie können einen neuen Na-men eingeben.

Tipps für Wiedergabelisten

Wiedergabelisten in eigenen Fenstern

Öffnen Sie eine Wiedergabeliste in einem eigenen Fenster, indem Sie auf das Symbol der Wiedergabeliste doppelklicken. Sie können nun bequem Titel aus der Bibliothek in die Wiedergabeliste ziehen, ohne die Übersicht zu verlieren. Natürlich lassen sich auch mehrere Wiedergabelisten in eigenen Fenstern öff-nen, um so Titel von einer Wiedergabeliste zur anderen zu kopieren.

Wiedergabelisten schneller anlegen

Erstellen Sie schnell eine Wiedergabeliste, indem Sie zuerst die Titel in der Biblio-thek auswählen und dann **Ablage/Neue Wiedergabeliste von Auswahl** (M) bzw. **Datei/Neue Wiedergabeliste aus Auswahl** (W) wählen. Die neue Wieder-gabeliste enthält die ausgewählten Titel. Sie müssen der Wiedergabeliste nur noch einen Namen geben und eventuell die Reihenfolge der Titel anpassen.

Der Name von Wiedergabelisten auf dem iPod

Es ist sinnvoll, die Namen von Wiedergabelisten so zu wählen, dass die meist-genutzten auf dem iPod möglichst weit oben angezeigt werden. Das erreichen Sie, indem Sie die Namen mit einem Bindestrich (-) beginnen, z.B. **-Lieblings-dancehits**. Der iPod zeigt diese Wiedergabeliste als erste und Sie müssen nicht so weit nach unten scrollen.

Von Wiedergabeliste zu Wiedergabeliste

Sie können eine ganze Wiedergabeliste zu einer anderen hinzufügen. Ziehen Sie in der Liste **Quelle** die gewünschte Wiedergabeliste in die andere, werden auto-matisch alle Titel zu dieser hinzugefügt.

Ordner mit Wiedergabelisten

Wenn Sie inzwischen eine Reihe von Wieder-gabelisten angelegt haben und die Übersicht leidet, können Sie im Quellenbereich Ordner erstellen. Wählen Sie dazu **Ablage/Neuer Ordner** (M) bzw. **Datei/Neuer Ordner** (W). Geben Sie dem Ordner einen Namen, indem Sie auf diesen doppelklicken. Ziehen Sie dann die gewünschten Wiedergabelisten in den Ordner.

Titel aus einer Wiedergabeliste löschen

Um einen Titel aus einer Wiedergabeliste zu löschen, wählen Sie diesen aus und drücken Sie die Taste [Entf] oder [←]. Beachten Sie, dass sich der Titel damit im-mer noch in der Bibliothek von iTunes befindet. Der Grund dafür ist, dass in den Wiedergabelisten lediglich Verweise auf die Originale in der Bibliothek stehen. Möchten Sie einen Titel endgültig von Ihrer Festplatte löschen, wählen Sie die-sen in der **Bibliothek** aus und drücken Sie die Taste [Entf] oder [←] auf der Tas-tatur. iTunes fragt daraufhin, ob Sie diesen Titel wirklich löschen möchten.

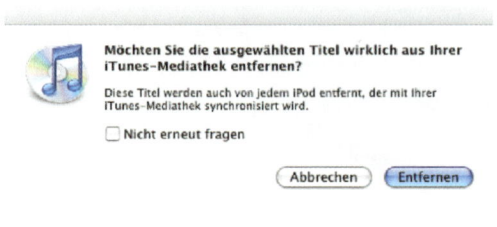

Wenn Sie einen Titel aus der **Bibliothek** löschen, fragt iTunes, ob Sie das tatsächlich möchten.

 iMix

Aus gelungenen Wiedergabelisten können Sie seit Bestehen des iTunes Store (dem Online-Musikvertrieb von Apple) einen *iMix* erstellen. Dabei handelt es sich um eine Veröffentlichung der Wiedergabeliste im iTunes Store, so dass jeder Ihre Musikvorschläge betrachten und gegebenenfalls kaufen kann.

Bevor Sie einen iMix erstellen, müssen Sie einen Account im iTunes Store anlegen. Wie das geht, lesen Sie in Kapitel 6.

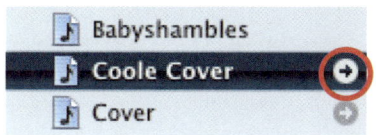

1. Wählen Sie die Wiedergabeliste, die Sie veröffentlichen möchten, und klicken Sie auf den runden Pfeil.

2. Klicken Sie auf **iMix erstellen**. Mit der Option **Liste schenken** verschenken Sie die Titel der Wiedergabeliste über das Internet an jemanden (mehr dazu auf Seite 118).

3. Wenn Sie noch nicht im iTunes Store angemeldet sind, geben Sie jetzt Ihre Apple ID und Ihr Kennwort ein und klicken Sie auf **Veröffentlichen**. Haben Sie noch keine Apple ID, lesen Sie bitte auf Seite 114 weiter.

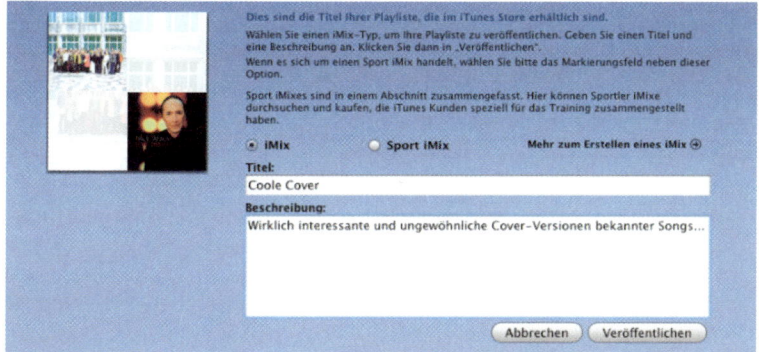

4. Geben Sie dem iMix einen Namen und fügen Sie eine Beschreibung der Zusammenstellung ein. Klicken Sie anschließend in **Veröffentlichen**.

5. Der iMix wird daraufhin an den iTunes Store übertragen und kann von jedem Besucher betrachtet werden. Diese können den iMix mit Sternchen bewerten. Klicken Sie auf **Freunden empfehlen**, können Sie die E-Mail-Adresse von jemandem eintragen, um ihn über den veröffentlichten iMix zu informieren.

Der Empfänger erhält eine E-Mail mit der Nachricht von der Veröffentlichung des iMix und der Angabe, welche Titel enthalten sind. Ein iMix bleibt für ein Jahr im iTunes Store online. Der iMix hat jedoch einen Nachteil: Ist ein Titel Ihrer Wiedergabeliste nicht im iTunes Store erhältlich, erscheint dieser auch nicht im iMix. Der Grund dafür ist, dass der Titel nicht heruntergeladen werden kann.

Sie können einen iMix einfach bearbeiten, indem Sie auf den grauen Pfeil klicken, der neben dem Namen der Wiedergabeliste erscheint, sobald diese als iMix im Internet steht. Um einen iMix zu entfernen, müssen Sie im iTunes Store Ihre Account-Daten ändern (siehe Kapitel 6).

Intelligente Wiedergabelisten

Neben dem manuellen Einfügen und Sortieren von Titeln können Sie mit iTunes Wiedergabelisten anlegen, die anhand festgelegter Kriterien automatisch entstehen. So lässt sich z.B. eine intelligente Wiedergabeliste mit dem Kriterium **Jazz** als Genre anlegen, woraufhin alle Titel aus der Bibliothek der Musikrichtung **Jazz** direkt in der Wiedergabeliste erscheinen. Importieren Sie zu einem späteren Zeitpunkt eine weitere CD mit Jazz, wird diese Musik automatisch zur Wiedergabeliste hinzugefügt. Dank intelligenter Wiedergabelisten kann iTunes das Sortieren und Ordnen von Musik unglaublich erleichtern.

1. Wählen Sie **Ablage/Neue intelligente Wiedergabeliste** (M) bzw. **Datei/ Neue intelligente Wiedergabeliste** (W). Im sich öffnenden Dialogfenster legen Sie die Kriterien für die intelligente Wiedergabeliste fest.

2. Wählen Sie z.B. **Genre** aus dem ersten Popup-Menü. Sie sehen, dass es unglaublich viele Kriterien zum Filtern der Titel gibt.

3. Wählen Sie im zweiten Popup-Menü z.B. **enthält**.

4. Fügen Sie im Textfeld die Musikrichtung ein, nach der Sie filtern möchten.

5. Klicken Sie auf **OK** und vergeben Sie einen aussagekräftigen Namen.

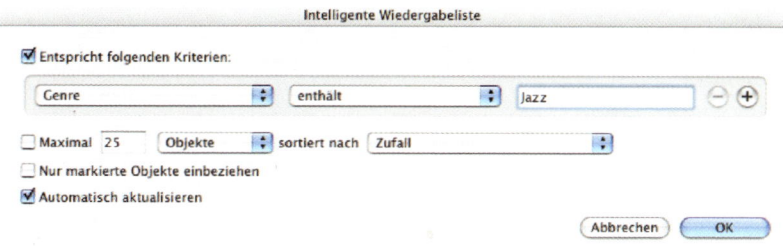

Die Kriterien für intelligente Wiedergabelisten lassen sich detailliert anpassen.

Intelligente Wiedergabeliste anpassen

Die Kriterien für intelligente Wiedergabelisten lassen sich jederzeit verändern. Wählen Sie dazu die intelligente Wiedergabeliste in der Liste **Quelle** und anschließend **Ablage/Intelligente Wiedergabeliste bearbeiten** (M) bzw. **Datei/ Intelligente Wiedergabeliste bearbeiten** (W). Daraufhin erscheint das Fenster, das Sie bereits kennen, nur dass die Kriterien der ausgewählten Wiedergabeliste bereits angegeben sind. Sie können diese nun nach Herzenslust ändern.

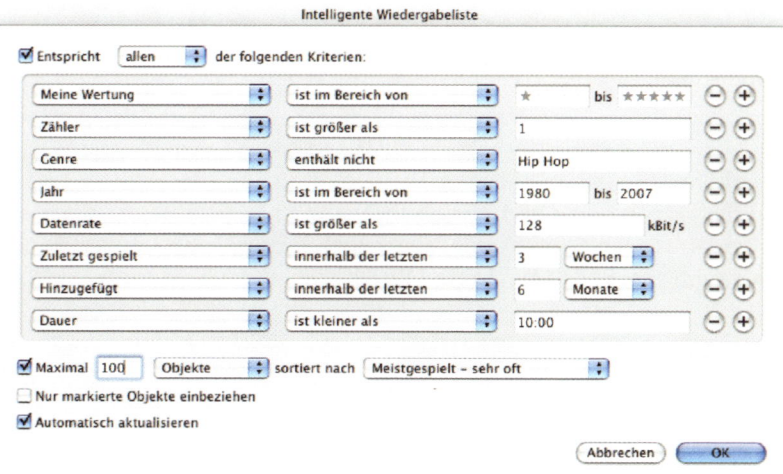

Intelligente Wiedergabelisten können auch mehrere Kriterien beinhalten.

Klicken Sie auf das Pluszeichen, um der Liste ein weiteres Kriterium hinzuzufügen. Sind Sie unzufrieden mit einem Kriterium, passen Sie dieses an oder entfernen Sie es, indem Sie auf das Minuszeichen klicken. Sie können die Liste auf eine festgelegte Anzahl von Titeln oder Dauer einschränken. Das Feld **Automatisch aktualisieren** stellt in aktiviertem Zustand sicher, dass die intelligente Wiedergabeliste zu jeder Zeit aktuell ist. Sollten die Titel nicht alle, sondern nur einigen Kriterien entsprechen, wählen Sie im Popup-Menü **Entspricht** den Eintrag **einigen** anstelle von **allen**.

Tipps für intelligente Wiedergabelisten

Wiedergabelisten kombinieren

Sie können auch mehrere Wiedergabelisten kombinieren. Möchten Sie z.B. alle Jazz-Titel herausfiltern, die Sie im iTunes Store erworben haben, erstellen Sie eine intelligente Wiedergabeliste mit den Kriterien **Wiedergabeliste ist Einkäufe** und **Genre enthält Jazz**.

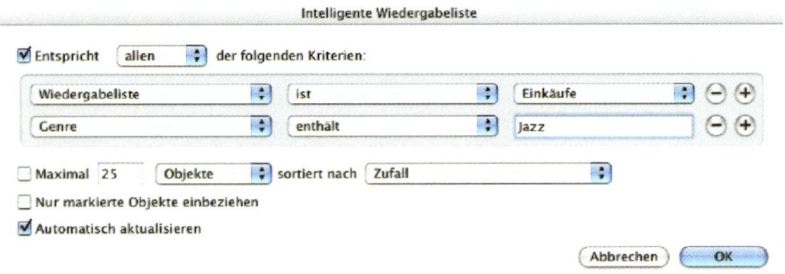

Kombinieren Sie mehrere (intelligente) Wiedergabelisten miteinander.

Ruhige oder schnelle Musik

Die Tatsache, dass iTunes intelligente Wiedergabelisten anhand der von Ihnen eingegebenen Informationen zu den Titeln und Alben zusammenstellt, können Sie trickreich nutzen. Im Feld **BPM** (*beats pro minute*) im Informationsfenster eines Titel können Sie natürlich die genaue Anzahl der Taktschläge pro Minute eingeben. Sie können die Musik jedoch auch nach verschiedenen Stilen einordnen. Fügen Sie in das Feld **BPM** z.B. eine **1** für Balladen, eine **2** für Jazz usw. bis **10** für schnelle House-Titel ein. Legen Sie danach eine intelligente Wiedergabeliste mit dem Namen **Sonntagmorgen** und dem Kriterium **BPM ist kleiner als 3** an, um eine Wiedergabeliste mit ruhiger Musik zu erhalten.

Noch mehr Informationen

Das Feld **Kommentar**, das sich ebenfalls im Informationsfenster eines Titels befindet, ist sehr praktisch. Darin lässt sich alles notieren, was Sie möchten. So können Sie z.B. die Namen Ihrer Kinder bei deren Lieblingstiteln notieren (siehe Seite 37). Erstellen Sie danach eine Wiedergabeliste mit dem Namen des Kindes, z.B. Thalia, und geben Sie als Kriterium **Kommentar enthält Thalia** an. Sie können beliebig viele Namen in das Feld **Kommentar** eingeben, in dieser Wiedergabeliste landen nur die Titel, in deren Kommentar **Thalia** vorkommt.

Ihre eigenen Top 40

Wenn Sie mit Wertungen arbeiten, stellen Sie einfach Ihre eigenen Top 40 (oder vielleicht sogar Top 100) zusammen, die sich fortlaufend an die aktuellen Lieblingstitel anpassen. Versehen Sie Titel mit Sternchen, indem Sie in der Spalte **Meine Wertung** auf die Punkte klicken. Es versteht sich von selbst, dass Sie mehr Sterne vergeben, je besser Sie einen Titel finden. Legen Sie dann eine Wiedergabeliste mit dem Kriterium **Meine Wertung ist im Bereich von *** bis ******* und beschränken Sie die Liste z.B. auf die vierzig meistgespielten Titel. Wenn Sie nun Sterne hinzufügen oder entfernen, verändert sich die Liste sofort.

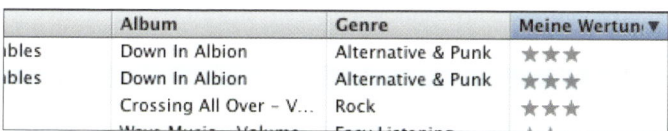

Bewerten Sie Ihre Lieblingstitel mithilfe von Sternen (siehe Seite 141).

Erstellen Sie Ihre eigenen interaktiven Top 40.

Ist Ihr iPod voll?

Besitzen Sie einen iPod mit geringerer Speicherkapazität als die der gesammelten Titel in Ihrer Bibliothek und möchten Sie nicht jedes Mal manuell auswählen, welche Titel auf den iPod übertragen werden? Legen Sie einfach eine Wiedergabeliste an, die ein oder mehrere der folgenden Kriterien erfüllt: **Meine Wertung ist im Bereich von * bis *****, Hinzugefügt innerhalb der letzten 4 Wochen** und begrenzen Sie die Liste auf 4 GB (wenn Sie einen iPod mini oder nano besitzen). Sortieren Sie die Titel nach **Zuletzt hinzugefügt**. Synchronisieren Sie den iPod nur mit dieser Wiedergabeliste, um stets Ihre zuletzt hinzugefügten Lieblingstitel dabei zu haben. Wie Sie den iPod mit einer bestimmten Wiedergabeliste synchronisieren, lesen Sie auf Seite 55.

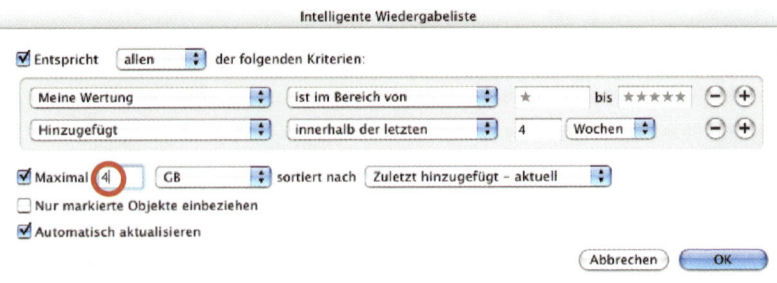

Erstellen Sie eine spezielle Wiedergabeliste für Ihren iPod.

CD brennen

iTunes eignet sich außerordentlich zum Brennen von Musik-CDs. Das ist besonders praktisch, wenn Sie eine Reihe von Titeln von verschiedenen Musik-CDs auf einer CD zusammenstellen oder einfach eine Kopie von einer CD anfertigen möchten, die Sie immer im Auto hören. Natürlich benötigen Sie einen internen oder externen CD-Brenner. Beachten Sie, dass das Brennen (sprich: Kopieren) von CDs in großem Umfang nicht legal und damit strafbar ist. Das Kopieren von CDs für Ihren eigenen Bedarf wird hingegen toleriert.

Um eine CD zu brennen, müssen Sie zunächst eine Wiedergabeliste mit den gewünschten Titeln anlegen. Soll die Musik-CD auch in einem CD-Player wiedergegeben werden können, müssen Sie darauf achten, dass die Gesamtlänge der Wiedergabeliste 74 Minuten nicht übersteigen darf, da eine leere CD mit 650 MB bis zu 74 Minuten an Musik enthalten kann. Es sind auch Rohlinge mit einer Kapazität von 700 MB erhältlich, die ca. 80 Minuten an Musik fassen. Informationen darüber, wie Sie eine Wiedergabeliste anlegen, finden Sie ab Seite 82.

1. Wählen Sie die Wiedergabeliste, die Sie auf CD brennen möchten.

2. Rechts unten im iTunes-Fenster erscheint die Taste **Brennen**. Klicken Sie in diese Taste.

3. iTunes fordert Sie nun auf, eine leere CD in den CD-Brenner einzulegen.

4. Nachdem Sie die CD eingelegt haben, beginnt iTunes direkt mit dem Brennen. Wenn der Brennvorgang beendet ist, ertönt ein Tonsignal und die CD erscheint in der Liste **Quelle**.

Eine CD kopieren

Sie können mit iTunes natürlich auch CDs kopieren, müssen die Titel der CD allerdings zuerst importieren. Das geht jedoch schnell, indem Sie eine neue Wiedergabeliste anlegen, deren Name z.B. dem Namen des Albums entspricht, das Sie kopieren möchten. Sobald die CD im Quellenbereich sichtbar ist (nachdem Sie diese in das CD-Laufwerk eingelegt haben), ziehen Sie das Symbol der CD direkt in die soeben angelegte Wiedergabeliste. Die Titel der CD werden zwar alle zur Bibliothek hinzugefügt, aber auch direkt (in der korrekten Reihenfolge) in die Wiedergabeliste übernommen. Sobald iTunes den Import abgeschlossen hat, klicken Sie auf die Wiedergabeliste und anschließend auf **Brennen**. Das CD-Laufwerk öffnet sich und Sie können einen leeren CD-Rohling einlegen.

Ziehen Sie eine CD direkt in eine Wiedergabeliste, um daraus schnell eine CD zu brennen.

Cover drucken

Auf Seite 120 erfahren Sie, wie Sie einen CD-Einleger für die soeben gebrannte CD drucken. iTunes kann nämlich auch Cover drucken.

MP3-Dateien brennen

Heute können immer mehr Hifi-Geräte auch MP3-Dateien von CD oder sogar DVD lesen. Das bedeutet, dass Sie komprimierte Musik auf CD brennen können und damit viel mehr auf eine herkömmliche 700 MB-CD bekommen. Das Gerät, auf dem Sie die Musik wiedergeben möchten, muss diese Funktion natürlich unterstützen. Lesen Sie dazu das Benutzerhandbuch des betreffenden Geräts.

1. Wählen Sie **iTunes/Einstellungen** (M) bzw. **Bearbeiten/Einstellungen** (W) und klicken Sie in **Erweitert** und **Brennen**.

2. Markieren Sie die Option **MP3-CD** und klicken Sie auf **OK**.

3. Legen Sie jetzt wie gewohnt eine Wiedergabeliste an und achten Sie darauf, dass diese nicht größer als 700 MB wird. Möchten Sie die MP3s auf eine DVD brennen, sollte die Wiedergabeliste maximal 4,7 GB an Musik enthalten.

4. Klicken Sie rechts unten auf **Brennen**, fordert iTunes Sie auf, einen CD- oder DVD-Rohling einzulegen. Daraufhin werden diese mit den MP3-Dateien aus der Wiedergabeliste beschrieben.

5. Wenn iTunes fertig ist, ertönt ein Signalton. Sie können die CD bzw. DVD jetzt auswerfen.

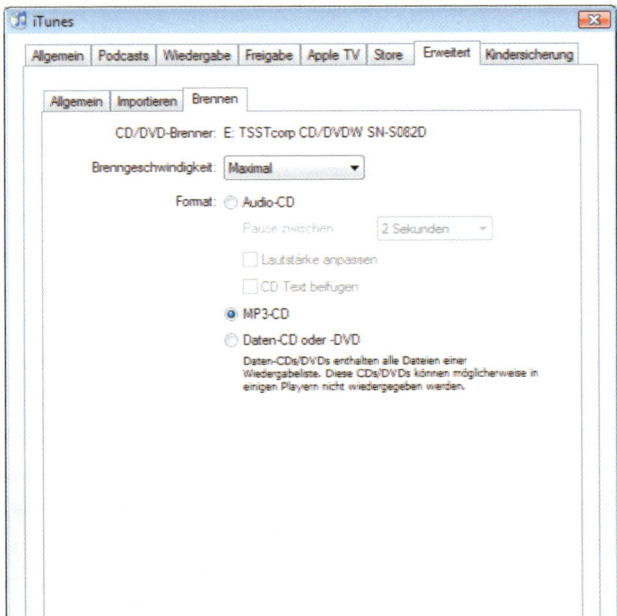

Die Einstellungen von iTunes für das Brennen von Musik auf CDs und DVDs

Achtung!

Wenn Sie eine MP3-CD gebrannt haben, bleibt diese Einstellung erhalten. Möchten Sie beim nächsten Mal wieder eine normale Musik-CD brennen, müssen Sie diese Einstellungen zuvor verändern.

Tipps für das Brennen von CDs

Alles in einer Lautstärke

iTunes kann die Lautstärke aller Titel aneinander anpassen, so dass die Titel in etwa der gleichen Lautstärke wiedergegeben werden. Wählen Sie **iTunes/Einstellungen** (M) bzw. **Bearbeiten/Einstellungen** (W), klicken Sie auf **Wiedergabe** und markieren Sie das Feld **Lautstärke anpassen**. Das funktioniert auch für Musik, die Sie auf CD brennen möchten. Klicken Sie dazu in den iTunes-Einstellungen auf **Erweitert** und den Tab **Brennen**. Markieren Sie dort das Feld **Lautstärke anpassen**, um die Titel mit einheitlicher Lautstärke auf CD zu brennen.

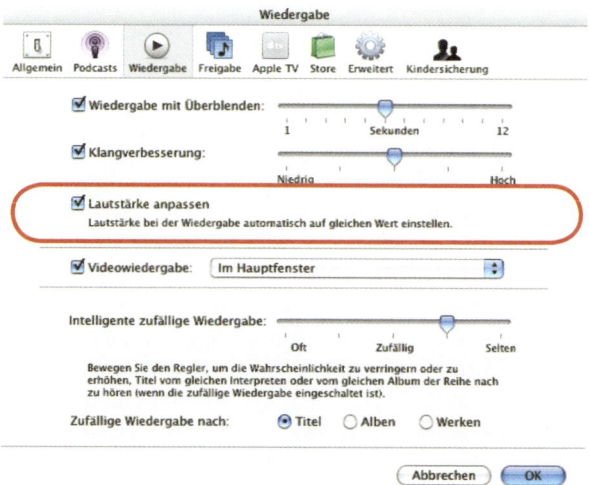

Markieren Sie das Feld **Lautstärke anpassen**, um die Musik einheitlich laut zu hören.

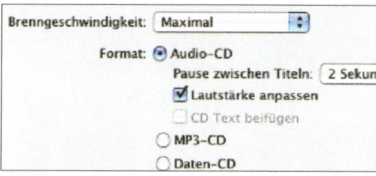

Die Lautstärkeanpassung sorgt dafür, dass alle Titel auf einer gebrannten CD gleich laut klingen.

Diese Option ist nicht nur für das Brennen von CDs, sondern natürlich auch für Ohren von Vorteil, wenn Sie Musik auf Ihrem iPod hören. Die Einstellung wird nämlich vom iPod übernommen.

Backup Ihrer Musik

Wenn Sie bereits Dutzende oder Hunderte von CDs manuell importiert haben, können Sie diese Sammlung digitaler Musik speichern. Dazu eigenen sich DVDs in besonderem Maße, da sie eine große Datenmenge aufnehmen. Besitzen Sie keinen DVD-Brenner in Ihrem Computer und möchten mehr als 700 MB an Musik als Backup speichern? iTunes kann längere Wiedergabelisten auf mehrere Rohlinge verteilen. Sobald Sie eine Wiedergabeliste brennen möchten, die mehr Titel enthält, als auf den Rohling passen, erscheint darüber eine Meldung und iTunes fragt jedes Mal nach einem neuen Rohling, wenn der vorherige voll ist. Das funktioniert sowohl mit CDs als auch mit DVDs unabhängig davon, ob Sie eine Audio-CD oder MP3-CD brennen.

Die Titel in dieser Wiedergabeliste passen nicht auf eine Audio-CD.

Möchten Sie die Wiedergabeliste aufteilen und davon mehrere Audio-CDs erstellen?

Für die Fertigstellung benötigen Sie mehr als einen CD-Rohling.

(Abbrechen)   (**Audio-CDs**)

Klicken Sie auf **Audio-CDs,** um alle Titel der Wiedergabeliste auf mehrere CDs zu brennen.

Seit iTunes 7 können Sie auch automatisch Backups von Ihrer Musik auf CD oder DVD brennen. Das Gute daran ist, dass, sobald Sie neue Musik zur Bibliothek hinzufügen und danach erneut eine Sicherheitskopie anlegen, nur die neu hinzugefügte Musik gespeichert wird. Wählen Sie **Ablage/Auf Sicherungsmedium sichern** (M) bzw. **Datei/Sicherheitskopie auf Speichermedium** (W). Sie können einstellen, ob Sie Ihre gesamte Musik oder nur die Einkäufe aus dem iTunes Store sichern möchten. Markieren Sie das Feld **Nur die Artikel sichern (Datensicherung nur für Objekte durchführen** (W)), **die seit der letzten Datensicherung hinzugefügt oder geändert wurden,** wenn Sie nicht jedes Mal alles speichern möchten.

5

Weitere iTunes-Funktionen

Wenn Sie eine Zeitlang mit iTunes gearbeitet haben, werden Sie die Musik wahrscheinlich immer öfter im Shuffle-Modus wiedergeben. Das heißt, die Musik wird in völlig zufälliger Reihenfolge abgespielt. So kommen Sie in den Genuss von Titeln, die Sie normalerweise eher selten hören würden. Manchmal möchten Sie vielleicht trotzdem Einfluss auf die Titel nehmen.

Party-Jukebox

Trotz des Namens dürfen Sie diese Funktion natürlich nicht nur auf Partys nutzen. Der Vorteil ist, dass iTunes die Titel zwar in willkürlicher Reihenfolge wiedergibt, dabei jedoch eine feste Anzahl der folgenden Titel anzeigt. Klicken Sie im Quellenbereich in **Party-Jukebox**, um diese zu öffnen.

Der blau unterlegte Titel wird aktuell wiedergegeben. Darunter sind die folgenden Titel der Reihe nach aufgeführt. Ändern Sie die Reihenfolge, indem Sie die Titel an eine andere Position in der Liste ziehen. Zudem können Sie Titel aus der Bibliothek oder einer Wiedergabeliste in die Jukebox ziehen.

Sie können auch bereits gespielte Titel wieder in die Liste ziehen.

Wählen Sie hier, wie viele Titel Sie in der Liste anzeigen möchten.

iTunes bezieht die Titel aus der hier angegebenen Quelle.

Klicken Sie auf **Aktualisieren**, um die Liste der anstehenden Titel neu zu erstellen.

Markieren Sie dieses Feld, wenn Sie Ihre Lieblingstitel (die mit vielen Sternen) häufiger hören möchten.

⚪ Internetradio

Mit iTunes können Sie Live-Sendungen von Radiostationen anhören. Das geschieht nicht über Kabel oder Antenne, sondern über das Internet. Der Vorteil von Internetradio besteht darin, dass Sie Sender aus der ganzen Welt empfangen können. Natürlich sollten Sie über eine ausreichend schnelle Internetverbindung verfügen (ADSL oder Kabel), um die Radiosender gut empfangen zu können. Ist die Internetverbindung zu langsam, stottert der Sound, da die Sendungen als *Streams* übertragen werden.

Ein Stream ist eine MP3-Datei, die fortlaufend übertragen wird. iTunes empfängt diese MP3-Datei und gibt diese direkt wieder. Sie müssen daher nicht zuerst die ganze MP3-Datei herunterladen. iTunes kann leider nur MP3-Dateien streamen. Wenn Sie Radiosender hören möchten, die ein anderes Format als MP3 verwenden, können Sie den Quicktime Player von Apple (www.apple.com/quicktime), den Windows Media Player von Microsoft (www.windowsmedia.com) oder RealOne von RealNetworks (www.real.com) einsetzen.

Radiowiedergabe

1. In der Liste **Quelle** finden Sie die Taste **Radio**. Ist diese nicht vorhanden, wählen Sie **iTunes/Einstellungen** (M) bzw. **Bearbeiten/Einstellungen** (W) und markieren Sie auf dem Tab **Allgemein** unter **Anzeigen** das Feld **Radio**.

2. Im Fenster erscheinen die verfügbaren Internetradiosender nach Musikrichtung geordnet.

3. Klicken Sie in das Dreieck eines Genres.

4. Doppelklicken Sie einen Sender, den Sie hören möchten.

Klicken Sie auf **Radio**, um über das Internet Radio zu hören.

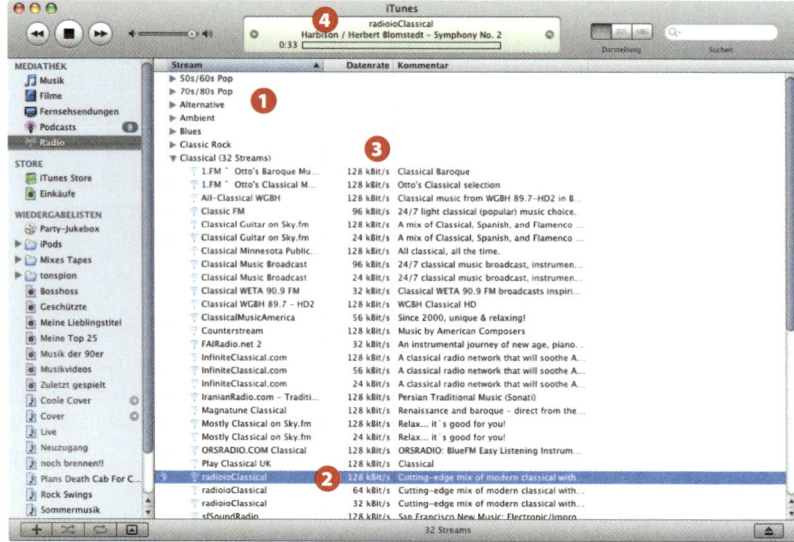

1 Alle Genres (sprich: *Streams*) in alphabetischer Reihenfolge. Klicken Sie in ein Dreieck, um alle Radiosender dieses Genres zu betrachten. Da die Streams aus dem Internet bezogen werden, kann es etwas dauern, bevor die Sender angezeigt werden.

2 Doppelklicken Sie einen Sender, um diesen wiederzugeben.

3 Je höher die Zahl in der Spalte **Datenrate**, desto besser ist die Qualität der Ausstrahlung. Bedenken Sie, dass für eine größere Datenrate auch eine schnellere Internetverbindung erforderlich ist. Probieren Sie es einfach aus, solange der Ton nicht stottert, ist die Verbindungsgeschwindigkeit gut.

4 Sie sehen sogar, welcher Titel gerade läuft. iTunes zeigt an, wie lange Sie den bereits hören, Sie können allerdings nicht vor- oder zurückspulen.

Radiosendungen aufnehmen

iTunes kann Sendungen von Internetradiosendern nicht aufnehmen. Dazu benötigen Sie die Software eines Drittherstellers, von denen einige kostenlos, andere kostenpflichtig sind. Für den Mac gibt es das Programm Audio Hijack von Rogue Amoeba Software (www.rogueamoeba.com/audiohijack) und auf dem PC können Sie z.B. StationRipper (www.stationripper.com) verwenden. Die Dateien, die diese Programme erzeugen (meist MP3 oder AAC), können Sie wieder in iTunes importieren und zu einem späteren Zeitpunkt wiedergeben, was auch ideal für die Wiedergabe auf dem iPod ist.

Musik aufnehmen

Neben dem Rippen (Einlesen) von CDs oder dem Herunterladen von Musik können auch analoge Kassetten und Schallplatten auf dem Computer gespeichert werden. Diese analogen Quellen müssen natürlich digitalisiert werden. Ihre alte Musik kann dann nicht mehr verloren gehen. Befindet sich die Musik nämlich einmal auf dem Computer, findet im Gegensatz zu alten Platten und Kassetten kein Qualitätsverlust mehr statt. Je länger diese aufgehoben werden, desto schlechter wird die Soundqualität.

Mithilfe der richtigen Soft- und Hardware können analoge Quellen in das digitale Zeitalter gerettet werden. Die meisten Computer sind mit einem Audioeingang (line-in) ausgestattet, über den das Audiosignal ankommt. Hat Ihr Computer keinen solchen Anschluss, können Sie einen externen Adapter verwenden. Der iMic von Griffin Technology ist z.B. eine gute Wahl. Hochwertige Audioschnittstellen erhalten Sie im Computerfachhandel.

1. Verbinden Sie das Audiogerät mit dem Computer. Verwenden Sie dabei am besten Ihre Stereoanlage, die über einen Audioausgang verfügt.

2. Schließen Sie ein Kabel an die Stereoanlage und Ihren Computer an. Hierfür wird meist ein Adapterkabel von Miniklinke auf Standard-Cinch verwendet. Die Standard-Cinch-Stecker werden mit der Stereoanlage an den REC OUT- oder AUX OUT-Ausgang angeschlossen. Die Miniklinke-Stecker kommen in den Audioeingang des Computers oder der Audioschnittstelle (z.B. den iMic).

3. Starten Sie ein Programm, mit dem Sie Audioaufnahmen machen können. Für den Mac kommen dafür z.B. Audacity, Soundtrack, Logic oder Bias Peak in Frage. Für den PC sind das z.B. Audicity, Cooledit Pro, Soundforge oder Wavelab. Bereiten Sie die Aufnahme vor. Stellen Sie die Aufnahmelautstärke so laut wie möglich ein, ohne dass es zu Verzerrungen kommt.

4. Machen Sie eine Testaufnahme und testen Sie vor allem lautere Passagen. Hören Sie das Ergebnis an und verändern Sie gegebenenfalls die Aufnahmelautstärke. Starten Sie die Aufnahme, wenn Sie mit der Soundqualität zufrieden sind.

5. Praktisch jedes Audioprogramm nimmt Audio unkomprimiert auf. Sie erkennen unkomprimierte Audiodateien meistens an den Dateinamenserweiterungen .aiff oder .wav. Es ist ratsam, diese Dateien in das MP3- oder AAC-Format zu konvertieren. Dadurch sparen Sie nämlich einiges an Platz auf Ihrer Festplatte.

6. Fügen Sie mithilfe von iTunes für alle aufgenommenen Titel die gewünschten Informationen hinzu.

Stereoanlage und Fernseher

Viele Computer sind mit Lautsprechern versehen, deren Klang jedoch meist eher mager ist, weswegen sich viele Anwender für externe Lautsprecher entscheiden. Natürlich kann der Computer auch an die Stereoanlage angeschlossen werden.

Airport Express

Für diejenigen, die keine langen Kabel verlegen möchten, hat Apple mit Airport Express eine Lösung. Ist Ihr Computer mit einer drahtlosen Netzwerkkarte ausgerüstet, können Sie mit der Airport Express-Basisstation die Musik aus iTunes drahtlos zu Ihrer Stereoanlage *streamen*. Airport Express wird per Kabel an die Stereoanlage angeschlossen und Sie geben in iTunes an, über welche Lautsprecher Sie gehen möchten.

Verbinden Sie iTunes über die Airport Express-Basisstation drahtlos mit der Stereoanlage.

Wählen Sie, ob die Musik aus den Computerlautsprechern oder z.B. aus den Lautsprechern im Wohnzimmer kommen soll.

Apple TV

Computer und Fernsehen rücken immer dichter zusammen. Fernsehen auf dem Computer oder den Fernseher als Computermonitor nutzen, alles ist möglich. Apple TV ist ein neues Gerät, das schnell zwischen Computer und Fernsehen wechselt.

Apple TV ist eine kleine Box, die an das Fernsehgerät angeschlossen wird. Sie steht drahtlos mit dem Computer in Verbindung. Musik, Fotos und Videos in iTunes werden drahtlos an Apple TV übertragen. Von jetzt an können Sie das alles bequem vom Sessel aus auf Ihrem Fernseher betrachten.

Mithilfe von Apple TV können Sie Filme legal herunterladen und auf dem Fernseher betrachten. Sie müssen weder Video noch DVD ausleihen. Apple TV unterstützt High Definition Video, eine sehr gute Qualität, die zu einem schärferen Bild führt. Leider ist diese Qualität nicht auf jedem Fernseher umzusetzen. Für den Anschluss von Apple TV benötigen Sie ein Breitbild-HD-Gerät.

Apple TV wird an ein HD-TV-Gerät angeschlossen und empfängt drahtlos Musik, Filme und Fotos vom Computer.

Fotos auf dem iPod

Besitzen Sie einen iPod mit Farbdisplay (ab den iPods der vierten Generation), können Sie auch Fotos auf den iPod übertragen. So haben Sie nicht nur Ihren Musik-Player, sondern auch ein sehr kompaktes Fotoalbum dabei. Die Fotos können auf dem Display des iPod betrachtet werden. Dieser lässt sich jedoch auch mit einem zusätzlichen AV-Kabel an jedem Fernsehgerät anschließen, um die Fotos auf einem großen Bildschirm anzuzeigen.

© Apple

Auf dem iPod erscheinen die Fotos, die Sie auf dem Computer gespeichert haben. Alle iPods mit Farbdisplay können Fotos anzeigen.

iPhoto wird standardmäßig mit dem Mac ausgeliefert. Das Programm ist völlig in iTunes integriert. Auf dem PC müssen Sie nicht unbedingt ein Programm benutzen, allerdings müssen Sie dafür sorgen, dass sich alle Fotos, die Sie auf den iPod übertragen möchten, in einem Ordner befinden. Der Ordner kann durchaus Unterordner enthalten. Möchten Sie auf dem PC ein Programm verwenden, raten wir zu Adobe Photoshop Elements (www.adobe.com). Dieses Programm ist sehr gut mit iTunes zu integrieren.

1. Schließen Sie den **iPod** an.

2. Sobald dieser angeschlossen ist, erscheint das iPod-Symbol im Quellenbereich. Klicken Sie auf das Symbol, um das Übersichtsfenster anzuzeigen, in dem ein großes Bild des angeschlossenen iPod abgebildet ist.

3. Klicken Sie anschließend oben auf den Tab **Fotos**.

1 Markieren Sie das Feld **Fotos synchronisieren von**, wenn Sie Ihre auf dem Computer gespeicherten Fotos auf den iPod übertragen möchten.

2 Sie können nun wählen, welche Fotos synchronisiert werden sollen. Es stehen **iPhoto** (M), **Ordner wählen** (legen Sie einen Ordner fest) oder alle Fotos aus dem Ordner **Bilder** (**Pictures** (w)) zur Wahl. iTunes sucht auch nach Fotos in Unterordnern. Fotos, die später hinzugefügt werden, erscheinen so automatisch auf dem iPod.

3 Indem Sie auf **Alle Fotos und Alben** klicken, werden alle Fotos auf den iPod kopiert, Sie können jedoch auch eine Auswahl treffen. Wählen Sie **Ausgewählte Alben** (**Ordner** (w)), um festzulegen, welche Alben auf den iPod kopiert werden.

4 Möchten Sie die Fotos auch in hoher Auflösung im Festplattenbereich des iPod speichern, markieren Sie das Feld **Inklusive Fotos mit voller Auflösung**. Im Festplattenbereich des iPod (über den Finder (M) oder Windows Explorer (W) zu erreichen) wird ein Ordner mit allen Fotos in originaler Auflösung angelegt. Das kann nützlich sein, wenn Sie die Fotos auf einen anderen Computer übertragen möchten.

5 Vergessen Sie nicht, auf **Anwenden** zu klicken, ansonsten geschieht vorerst nichts mit Ihren Fotos.

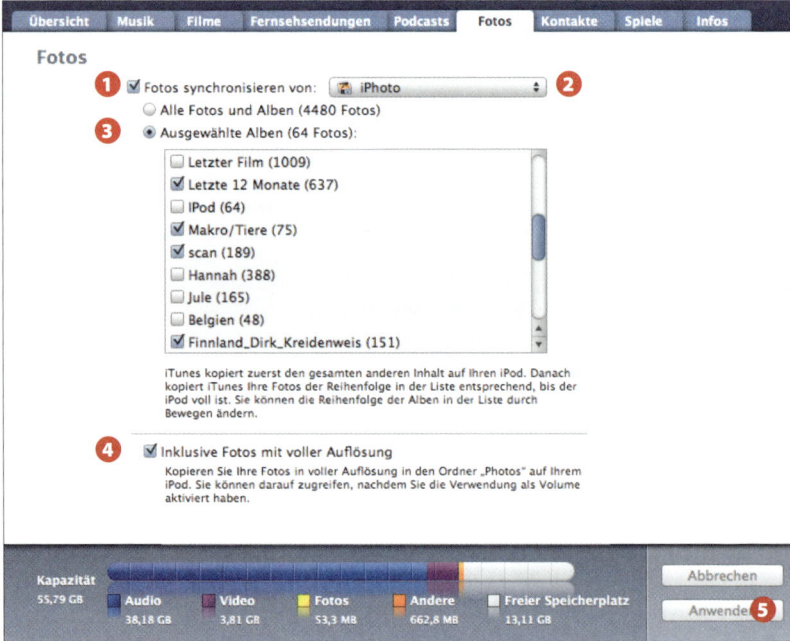

◉ Videos

iTunes kann seit Version 5 auch Videos in die Bibliothek aufnehmen und wiedergeben. Der iPod mit Videofunktion kann die Filme auch wiedergeben. Die Filme müssen dann jedoch im richtigen Format vorliegen, als MPEG-4. Die Videoclips, die Sie aus dem iTunes Store herunterladen können, sind in diesem Format gespeichert, glücklicherweise auch viele Video-Podcasts (siehe Seite 132). Filme, die Sie aus dem Internet herunterladen oder von DVDs *rippen*, müssen zuerst in das richtige Format konvertiert werden (siehe Seite 105).

Um Videos zur iTunes-Bibliothek hinzuzufügen, können Sie diese wie Musik einfach importieren, indem Sie sie in das iTunes-Fenster ziehen. Alternativ wählen Sie **Ablage/Zur Bibliothek hinzufügen** (M) bzw. **Datei/Datei zur Bibliothek hinzufügen** (W). Im sich öffnenden Fenster können Sie Ihre Videodateien auf der Festplatte ansteuern und in iTunes übernehmen.

Klicken Sie hier, um die Anzeige der Videos zu ändern.

Videos erscheinen automatisch in der Kategorie **Filme** oder **Fernsehsendungen**.

Doppelklicken Sie den Titel, um ein Video wiederzugeben. Drücken Sie danach die Tastenkombination ⌘-F (M) bzw. Strg-F (W), um das Video bildschirmfüllend darzustellen. Mit der Taste Esc kehren Sie zum iTunes-Fenster zurück.

Wie bei Musik können Sie auch die Informationen der Videos bearbeiten. Wählen Sie das gewünschte Video und anschließend **Ablage/Informationen** (M) bzw. **Datei/Informationen** (W). Weitere Informationen finden Sie auf Seite 106.

Videos auf dem iPod

Mit iPods der fünften Generation oder neuer können Sie auch Videos wiedergeben. Dank des großen Farbdisplays ist das Betrachten eines kurzen Videoclips
oder eines langen Spielfilms ein echtes Vergnügen. Bedenken Sie lediglich, dass
bei der Wiedergabe von Videos viel Strom benötigt wird.

Die Übertragung von Videos aus der iTunes-Bibliothek auf den iPod funktioniert
wie bei Musik oder Podcasts. Sie legen fest, ob iTunes alle oder nur bestimmte Wiedergabelisten synchronisieren soll. Sie können diese Einstellungen erst
ändern, wenn der iPod angeschlossen ist. Klicken Sie in der Liste **Quelle** auf
das iPod-Symbol und auf den Tab **Filme**. Haben Sie auch Fernsehsendungen in
iTunes, können Sie diese mithilfe des Tabs **Fernsehsendungen** übertragen.

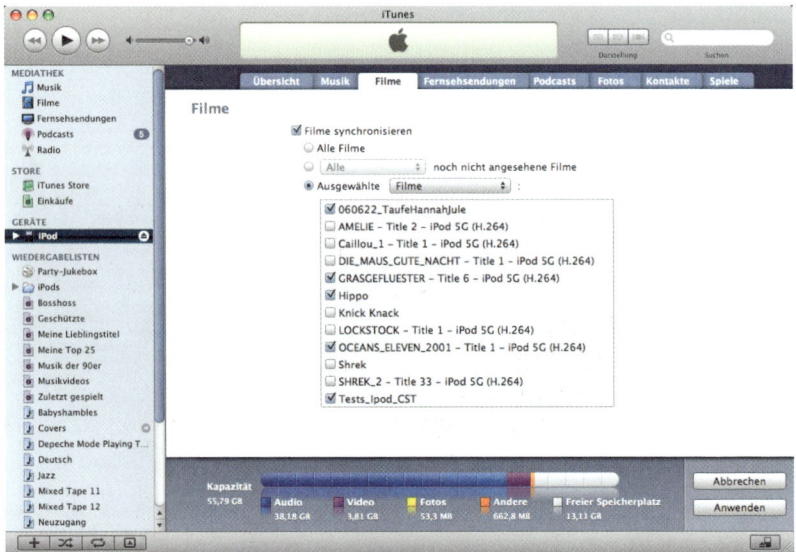

Legen Sie fest, ob iTunes alle, nur bestimmte oder keine Videos aktualisieren soll. Sie können
auch z.B. nur unbetrachtete Filme auf den iPod übertragen.

Denken Sie daran, in **Anwenden** zu klicken, wenn Sie die Einstellungen für
Videos oder TV-Sendungen geändert haben. Ansonsten werden die Videos doch
nicht auf den iPod übertragen. Da Videos Bild und Ton umfassen, nehmen diese natürlich mehr Speicherplatz auf dem iPod in Anspruch. Ihr iPod wird daher
schneller voll sein, wenn Sie Videos darauf übertragen.

Weitere Informationen über das Anschließen eines iPod an ein Fernsehgerät
finden Sie auf Seite 100. So müssen Sie nicht mehr stapelweise DVDs trans-
portieren.

Videos im richtigen Format

Um auf iPods mit Videofunktion Videos wiedergeben zu können, müssen diese im MPEG-4-Format vorliegen. Am einfachsten konvertieren Sie andere Formate mit QuickTime Pro von Apple (www.apple.com/quicktime), das sowohl auf dem Mac als auch auf dem PC läuft. Zum Zeitpunkt der Drucklegung dieses Buches kostet das für Besitzer eines iPod Video praktische Programm 30 Euro.

Mit QuickTime Pro lässt sich beinahe jedes Videoformat konvertieren. Für Dateiformate, die QuickTime Pro nicht unterstützt (z.B. AVI- oder DivX-Dateien), können Sie im Internet nach einer Erweiterung (Add-on) für QuickTime suchen, so dass auch diese Dateien wiedergegeben und konvertiert werden können.

1. Öffnen Sie eine Videodatei in QuickTime Pro.

2. Wählen Sie **Ablage**/**Exportieren** (M) oder **Datei**/**Exportieren** (W).

3. Wählen Sie im Dialogfenster unter **Exportieren** den Eintrag **Film -> iPod**.

4. Geben Sie einen Speicherort für die Datei an und klicken Sie auf **Sichern**.

5. Die Konvertierung kann eine Weile dauern. Importieren Sie die neue MPEG-4-Datei anschließend in iTunes und synchronisieren Sie den iPod.

Das Konvertieren von Videos für den iPod ist mit QuickTime Pro sehr einfach.

DVDs auf dem iPod

Möchten Sie eine DVD in das passende Format für den iPod mit Videofunktion konvertieren, benötigen Sie ein anderes Programm. Da dieser Vorgang ziemlich zeitaufwändig ist, können Sie den Computer z.B. nachts daran arbeiten lassen. Am folgenden Tag können Sie den Film im Zug oder Bus auf Ihrem iPod Video betrachten. Denken Sie für den Rückweg an Ihr Ladegerät.

Für den Mac gibt es das kostenlose Programm HandBrake von isquint (www.isquint.com), mit dem Sie ein Kapitel einer DVD in eine MPEG-4-Datei umwandeln können. PC-Anwendern empfehlen wir die DVD-to-iPod-Suite von Xilisoft (www.xilisoft.com). Diese ist zwar leider nicht kostenlos, aber einfach zu bedienen.

Videoinformationen

Wenn Sie in iTunes ein Video auswählen und **Ablage/Informationen** (M) oder **Datei/Informationen** (W) wählen, können Sie auf dem Tab **Video** zusätzliche Informationen eingeben. Handelt es sich z.B. um einen Film oder einen Video-clip? Der Unterschied wirkt sich vor allem darauf aus, wo Sie die Datei auf dem iPod finden können, da dieser zwischen Filmen, Videoclips und Video-Podcasts unterscheidet. Geben Sie auch zusätzliche Informationen wie laufende Episo-dennummern für TV-Sendungen an. Auf dem Tab **Optionen** können Sie unter anderem angeben, ob das Video im Shuffle-Modus übersprungen werden soll.

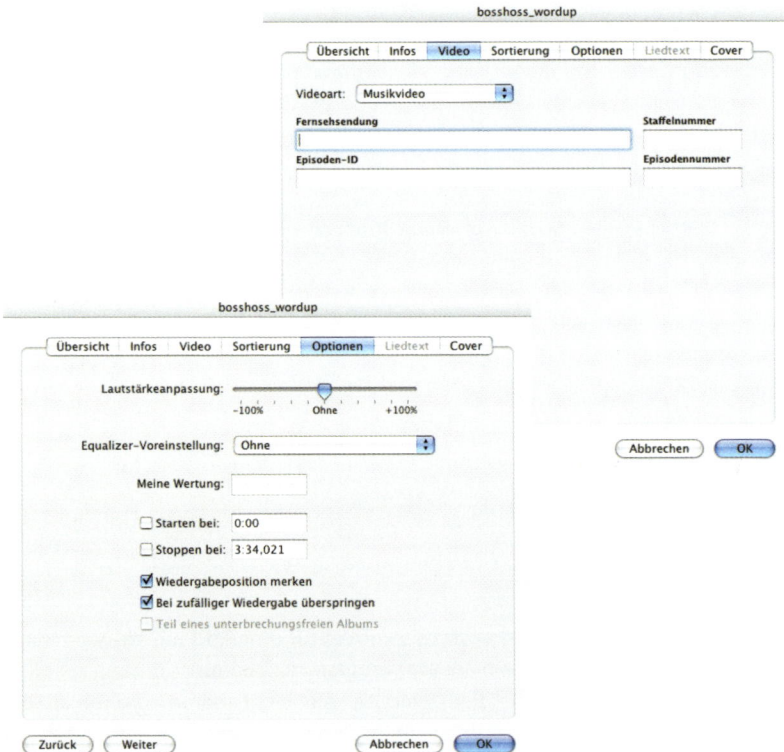

Zusätzliche Einstellungen für Videos, TV-Sendungen und Videoclips

Kalender und Adressen

Mit iCal (M) oder Outlook (W) können Sie Adressen, Termine und wichtige Ereignisse speichern. Diese Daten lassen sich auf einen iPod kopieren, so dass alle Termine im Kalender des iPod zu finden sind.

Der iCal-Kalender auf dem Mac

1. Schließen Sie den iPod an und klicken Sie im Quellenbereich in das iPod-Symbol.

2. Klicken Sie in den Tab **Kontakte**.

3. Markieren Sie die Option **iCal Kalender synchronisieren**.

Verwalten Sie in iCal mehrere Kalender (z.B. geschäftlich und privat), können Sie festlegen, welche synchronisiert werden sollen.

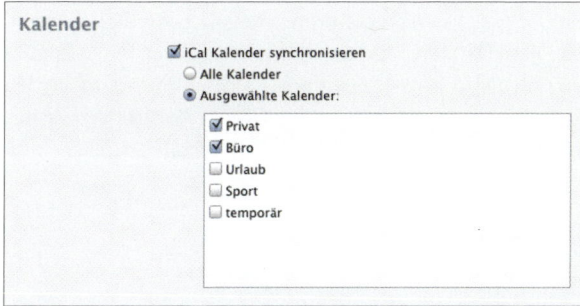

Mithilfe von iTunes synchronisieren Sie Ihren iCal-Kalender (M) einfach mit dem iPod.

Kalender unter Windows auf den iPod kopieren

1. Schließen Sie den iPod mit dem mitgelieferten Kabel an den Computer an.

2. Um alles auf den iPod zu übertragen, müssen zuerst alle Daten exportiert werden. Unter Windows müssen alle Termine einzeln manuell exportiert werden. Am besten verwenden Sie das Programm iAppoint, das alle Termine auf einmal exportieren kann. Auch das Programm PodSync erledigt diese Aufgabe prima, ist allerdings kostenpflichtig (www.ipod-sync.com).

3. Aktivieren Sie den Festplattenmodus, was nur bei angeschlossenem iPod möglich ist. Nehmen Sie die Einstellung im Übersichtsfenster des iPod vor (siehe Seite 51).

4. Ziehen Sie die exportierte Datei mithilfe des Windows Explorers in den Ordner **Kalender** des iPod. Jetzt befinden sich alle Daten aus dem Kalender auf dem iPod.

Adressen auf dem iPod

Sie können alle Adressen Ihrer Familie, Bekannten und Geschäftskontakte auf dem iPod mitnehmen. Da viele Adressprogramme in das für den iPod geeignete Format exportieren können, ist auch das kein Problem. Bedenken Sie jedoch, dass sich auf dem iPod keine Adressen hinzufügen lassen. Sie können diese nur einzeln anzeigen.

Adressen vom Mac

Sie können auf dem iPod Ihre gesamten Adressen speichern. Auf dem Mac werden alle Kontakte des Programms *Adressbuch* automatisch synchronisiert, wenn iTunes gestartet wird und ein iPod an den Computer angeschlossen ist. Einstellungen zum Synchronisieren von Adressen können Sie auf dem Tab **Kontakte** vornehmen, nachdem Sie in das iPod-Symbol geklickt haben.

Adressen vom PC

Auch vom Windows-PC aus können Sie alle Adressen auf den iPod übertragen, allerdings nur manuell. Die meisten Adressprogramme (auch für PCs) verwenden sogenannte *vCards*. Diese Dateien haben die Erweiterung **.vcf**. Mit bestimmten Programmen lassen sich alle vCards aus Outlook exportieren. Indem Sie den iPod als Festplatte aktivieren, können vCards in den Ordner **Kontakte** verschoben werden. Danach befinden sich alle Adressen auf dem iPod.

Microsoft Outlook

iTunes kann einfach mit Kalendern und Adressen umgehen, wenn Sie auf einem Windows-PC Outlook verwenden. Die darin gespeicherten Adressen lassen sich direkt von iTunes aus auf den iPod übertragen. Schließen Sie den iPod an, blenden Sie das Übersichtsfenster des iPod ein und klicken Sie auf den Tab **Kontakte**.

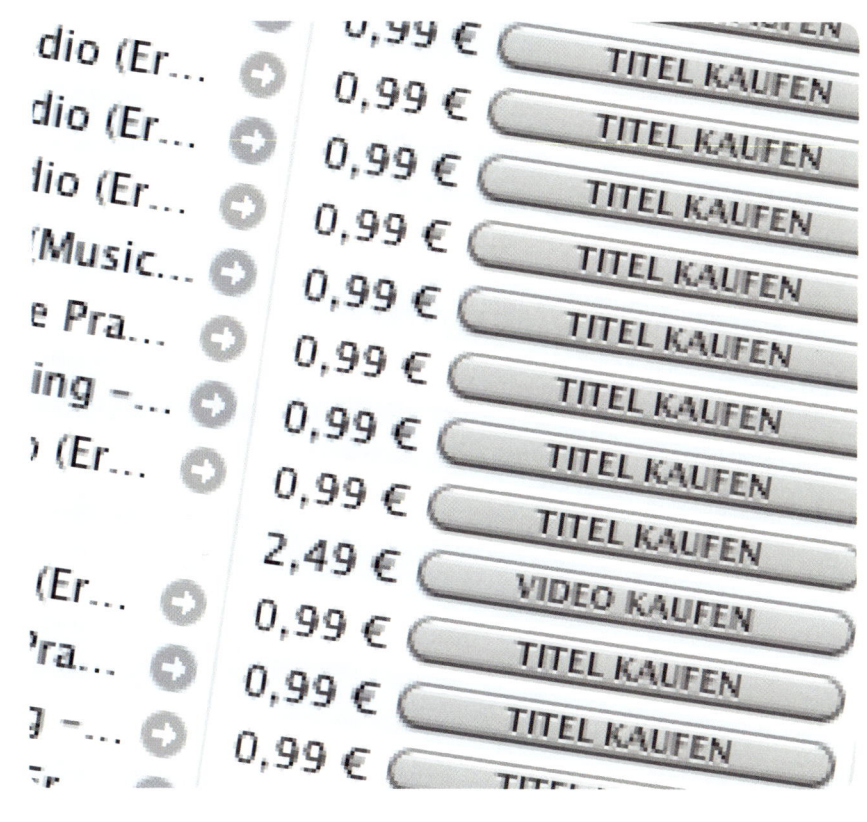

6

iTunes Store

Seit 2003 verkauft Apple nicht nur Computer und Software, sondern betreibt auch einen Online-Musikvertrieb. Das heißt, Sie müssen nicht mehr in ein Geschäft gehen, sondern können vom Computer aus Musik kaufen und anhören. Da Sie keine CD und keine Verpackung kaufen und die Musik einfach zu vertreiben ist, kostet Musik im iTunes Store durchweg weniger als im Laden.

Da der iTunes Store völlig in iTunes integriert ist (Sie benötigen kein weiteres Programm), ist die Nutzung sehr einfach. In der Regel verfügen Sie innerhalb von vier Klicks über Ihre Lieblingsmusik. Alle im iTunes Store gekauften Artikel können später auf CD gebrannt sowie auf dem iPod oder einem anderen Computer genutzt werden.

Im Gegensatz zum illegalen Herunterladen von Musik aus dem Internet werden die Interpreten bei im iTunes Store erworbenen Titeln anständig bezahlt und die Musik ist von hoher Qualität. Zudem erhalten Sie zu jedem Titel, den Sie kaufen, das *Artwork*, sprich das Cover als Datei. So können Sie später ein schönes Cover drucken und für eine gebrannte CD verwenden. Außerdem müssen Sie keine Sorge wegen Viren und Spam haben.

Für jeden einzelnen Titel zahlen Sie im iTunes Store 99 Cent, ein komplettes Album kostet im Normalfall 9,99 Euro. Einige Alben mit vielen Extras oder kurzer Gesamtdauer weichen von diesem Preis ab. Neu seit Mai 2007 ist iTunes Plus, das für 1,29 Euro Titel mit höchster Qualität (256 Kbit/Sek) und ohne digitales Rechteverwaltungssystem anbietet.

Um Musik im iTunes Store einkaufen zu können, müssen Sie ein Benutzerkonto (Account) einrichten. Die Bezahlung erfolgt über Kreditkarte oder *Click&Buy*, dabei wird der Betrag per Lastschriftverfahren von Ihrem Konto abgebucht. Um Hörproben aller Titel wiederzugeben oder im iTunes Store zu stöbern, ist übrigens kein Account erforderlich.

Die Musiksammlung

Da der iTunes Store bereits eine sehr große Musiksammlung enthält, ist es immer interessant, einfach zu stöbern oder nach bestimmten Stücken zu suchen, um dabei etwas Neues kennenzulernen oder bei einer bekannten Band nachzusehen. Klicken Sie im Quellenbereich in **iTunes Store**, um den Online-Musikvertrieb aufzurufen. Wie in einem echten Musikgeschäft können Sie alle CDs betrachten, nach Ihren Lieblingsinterpreten suchen und sogar Hörproben der angebotenen Titel wiedergeben.

Der iTunes Store im Überblick

1 Suchen Sie nach Musik, Podcasts oder betrachten Sie Filmtrailer bzw. Ausschnitte aus Musikvideos.

2 Klicken Sie in eine Musikrichtung, um alle Titel eines Genres anzuzeigen.

3 Suchen Sie nach Genre nach Neuerscheinungen von Titeln und Alben. Klicken Sie in die Pfeile oder kleinen Kreise, um die anderen Seiten eines Genres anzuzeigen.

4 Rechts oben finden Sie Verknüpfungen zu den wichtigsten Informationen zu Ihrem Benutzerkonto beim iTunes Store.

5 Die Top 10 des Tages. Die Titel werden nach Verkaufszahlen ausgesucht, ein guter Indikator dafür, was aktuell angesagt ist.

6 Hier finden Sie Titel, die exklusiv bei iTunes vertrieben werden.

Weiter unten finden Sie unter Tipps der Redaktion Vorschläge der iTunes Store-Redaktion (in London). Natürlich werden dabei insbesondere solche Titel berücksichtigt, die von vielen Anwendern gekauft wurden.

Durch den Store navigieren

Wie Sie sehen, gibt es verschiedene Methoden, in die große Musiksammlung des iTunes Store einzutauchen. Den besten Weg gibt es nicht, aber Sie werden beim Herumstöbern viele Entdeckungen machen.

Der Navigationsbalken des iTunes Store verändert sich, sobald Sie sich durch das Angebot bewegen. Sie sehen von links nach rechts, wo Sie sich gerade befinden, und können mit einem Klick auf die Seite zurückkehren, von der Sie gekommen sind.

Gehen Sie eine Seite zurück oder vorwärts.

Von links nach rechts: das aktuelle Genre, der Interpret und das Album. Klicken Sie z.B. in den Namen des Interpreten, erscheint dessen Discografie, häufig auch mit weiteren Informationen wie Fotos, Websites usw.

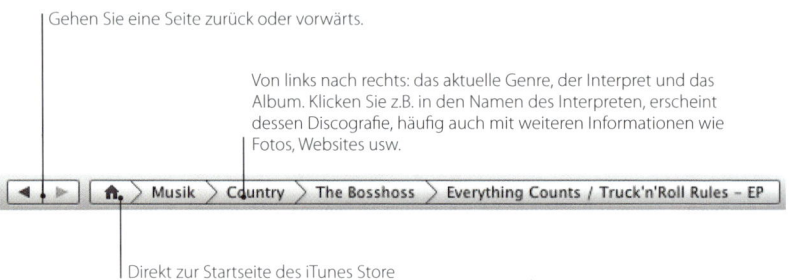

Direkt zur Startseite des iTunes Store

Was kaufen die anderen?

Zu jedem Album oder Interpreten, den Sie im iTunes Store besuchen, finden Sie eine Liste mit dem Namen **Hörer kauften auch**. Darin werden Titel aufgelistet, die von anderen Benutzern erworben wurden, die auch das aktuell von Ihnen betrachtete Album gekauft haben. So erkennen Sie schnell ähnliche Musik oder Titel, die Ihrem Musikgeschmack entgegenkommen.

Auf fast jeder Albenseite im iTunes Store finden Sie **Benutzerrezensionen**. Dabei handelt es sich um Kommentare zum jeweiligen Album, die Kunden des iTunes Store geschrieben haben. Häufig zeigt sich hier ein sehr objektives Urteil der Musik. Zudem können Kunden ein Album mit Sternen bewerten.

◉ Musik suchen und kaufen

Auch innerhalb des iTunes Store finden Sie rechts oben ein Suchfeld. Hier können Sie den Namen eines Interpreten, eines Titels, Albums oder Komponisten eingeben. Alle daraufhin gefundenen Titel werden direkt aufgelistet. Doppelklicken Sie einen Titel, um eine Hörprobe wiederzugeben. Klicken Sie in den grauen Pfeil rechts neben dem Titel oder Interpreten, um direkt zur entsprechenden Seite im Store zu gelangen.

Einfach und schnell im iTunes Store suchen

Manchmal möchten Sie vielleicht mit mehreren Kriterien suchen. Wenn Sie sich auf der Startseite des iTunes Store befinden, können Sie dazu die **Erweiterte Suche** nutzen. Sobald Sie in **Erweiterte Suche** klicken, erscheint oben im Fenster eine Leiste, in der Sie die Suchkriterien eingeben können.

Klicken Sie auf **Erweiterte Suche**, um die leistungsstarke Suchmaschine des iTunes Store aufzurufen.

Geben Sie ein oder mehrere Suchkriterien ein und klicken Sie auf **Suche**.

Klicken Sie auf ein Cover, um direkt zu diesem Album zu gelangen.

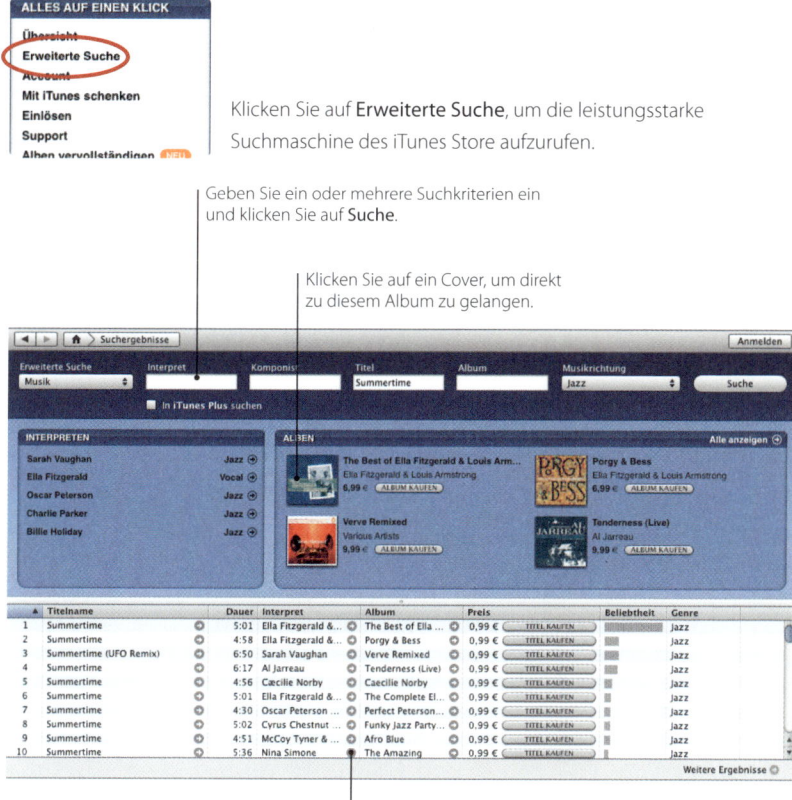

Klicken Sie auf einen Pfeil, um zur Seite des Interpreten oder des Albums zu gelangen.

Wie in Ihrer eigenen Musiksammlung können Sie auch im iTunes Store durch die Titel blättern. Klicken Sie dazu rechts unten im iTunes-Fenster auf die Taste **Übersicht** (mit dem Auge). Die Spalten **Genre**, **Interpret** und **Album** erscheinen. Klicken Sie auf die entsprechenden Einträge, um die Titel zu filtern. Verwenden Sie die Pfeiltasten der Tastatur, um sich in einer Liste von oben nach unten zu bewegen, und **Tab** oder **Umschalt-Tab**, um die Liste zu wechseln.

Eine Apple ID einrichten

Um Musik im iTunes Store kaufen zu können, benötigen Sie eine sogenannte *Apple ID*. Dabei handelt es sich um einen Account mit Ihren persönlichen Daten und den Zahlungsinformationen.

1. Klicken Sie im Quellenbereich in **iTunes Store**.

2. Klicken Sie rechts oben auf die Taste Anmelden .

3. Melden Sie sich an, indem Sie Ihre Daten eingeben. Besitzen Sie bereits eine Apple ID (weil Sie z.B. einen .Mac-Account im Apple Store eingekauft oder ein Fotobuch bestellt haben), tragen Sie die Apple ID und Ihr Kennwort ein und klicken Sie auf **Anmelden**.

4. Haben Sie noch keine Apple ID, klicken Sie auf **Neuen Account erstellen**. Geben Sie in den folgenden drei Schritten die erforderlichen Daten ein.

5. Sie müssen angeben, wie Sie bezahlen möchten. Wählen Sie eine Kreditkarte, werden die Einkäufe direkt von der Kreditkarte abgebucht. Wählen Sie *Click&Buy*, werden Sie direkt zur entsprechenden Website geleitet, wo Sie auch einen Account einrichten müssen. Dieser Dienst ist für Kunden gedacht, die keine Kreditkarte besitzen und trotzdem im Internet einkaufen möchten. Der Betrag wird von Ihrem Konto eingezogen.

6. Wenn Sie die Einrichtung des Accounts beendet haben oder mit einem vorhandenen Account angemeldet sind, verändert sich die Taste **Anmelden** und enthält Ihre Apple ID. Klicken Sie auf **Account**, um alle Informationen zu Ihrer Apple ID anzuzeigen und eventuell zu ändern (siehe unten). Haben Sie ein Guthaben im iTunes Store, erscheint der Betrag neben Ihrer Apple ID.

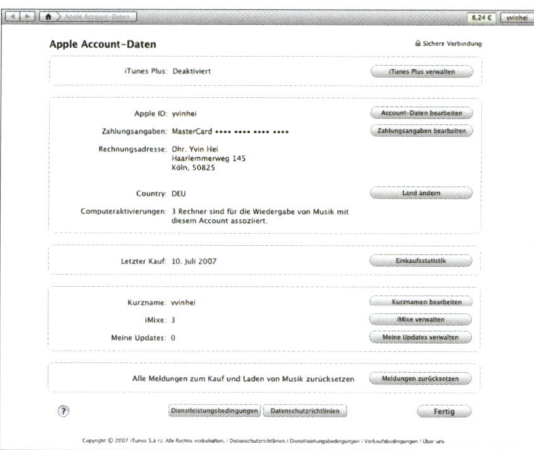

Klicken Sie im iTunes Store unter **Alles auf einen Klick** auf **Account**, um alle Informationen zu Ihrer Apple ID anzuzeigen und gegebenenfalls zu ändern.

Musik kaufen

Nachdem Sie jetzt im iTunes Store angemeldet sind, können Sie Musik kaufen. Wenn Sie ein Album eines Interpreten einblenden, hören Sie mit einem Doppelklick in einen Titel eine 30-sekündige Hörprobe, die für jeden Titel existiert.

Klicken Sie auf **Album kaufen**, um alle Titel des Albums auf einmal herunterzuladen.

Eine Liste der am häufigsten gekauften Titel des Interpreten bzw. der Band

Eine von Journalisten oder Benutzern verfasste Rezension. Manche Alben haben auch Sterne als Bewertung.

Doppelklicken Sie einen Titel, um eine Hörprobe von 30 Sekunden abzuspielen.

Klicken Sie in **Titel kaufen**, um diesen direkt herunterzuladen.

Sobald Sie auf **Album kaufen** oder **Titel kaufen** geklickt haben, wird der Artikel heruntergeladen, da standardmäßig die 1-Click-Option aktiviert ist. Die Musik (das Album oder nur ein Titel) wird auf Ihre Festplatte heruntergeladen. Im Quellenbereich erscheint eine Wiedergabeliste **Einkäufe**, die alle Titel enthält, die Sie jemals im iTunes Store gekauft haben. Natürlich befinden sich die Titel auch in der **Bibliothek** und sie können zu Wiedergabelisten hinzugefügt werden.

Nachdem die Musik heruntergeladen ist, empfangen Sie eine E-Mail mit dem Kaufbeleg. Der Gesamtbetrag wird automatisch Ihrem Kreditkartenkonto oder *Click&Buy*-Account belastet.

Videos kaufen

Zum Zeitpunkt der Drucklegung dieses Buchs können Videos im deutschen iTunes Store nur in begrenztem Umfang erworben werden. In den USA sieht das anders aus. Episoden bekannter Serien, ältere Serien und Talkshows können gegen Bezahlung heruntergeladen werden.

In Deutschland können Kunden des iTunes Store derzeit Musikvideos sowie Pixar-Kurzfilme herunterladen. Für 2,49 Euro erhalten Sie Musikvideos, Pixar-Kurzfilme sind ebenfalls für 2,49 Euro zu haben. Da jetzt ein iPod auf dem Markt ist, der Videos wiedergeben kann, werden vielleicht auch hier in Zukunft Episoden von TV-Serien erhältlich sein. Grundsätzlich funktioniert das Herunterladen und Kaufen von Videos nicht viel anders als das Kaufen von Musik. Bleiben Sie am Ball!

Kaufen Sie auch Filme, Folgen von TV-Serien oder Videoclips im iTunes Store.

Seit kurzem verkauft Apple auch Filme im iTunes Store, leider bisher ausschließlich in den Vereinigten Staaten, wahrscheinlich jedoch in Kürze auch in Europa. Filme kosten im iTunes Store in Amerika derzeit 9,99 Dollar, dieser Preis bleibt vielleicht in Euro erhalten. Die gekauften Filme können natürlich auf iPods der fünften Generation, aber auch auf Fernsehgeräten wiedergegeben werden, da die Qualität heruntergeladener Filme dafür hoch genug ist. Möchten Sie Ihren iPod an einem Fernseher anschließen, benötigen Sie ein sogenanntes iPod-AV-Kabel (siehe Seite 155). Fragen Sie im Computerfachhandel nach einer Verbindungsmöglichkeit, um Ihren Computer an das Fernsehgerät im Wohnzimmer anzuschließen.

Im iTunes Store gekaufte Videos landen im Quellenbereich unter **Filme** bzw. **Fernsehsendungen**. Eine Fernsehsendung speichert den Punkt, bis zu dem sie zuletzt wiedergegeben wurde, so dass Sie nach einem Doppelklick an dieser Stelle mit der Wiedergabe fortfahren können.

Haben Sie eine TV-Karte in Ihren Computer eingebaut (z.B. die *Elgato EyeTV* für den Mac) und nehmen Sie TV-Sendungen mit dem Computer auf, sollten Sie auch diese in iTunes unter **Fernsehsendungen** finden.

Das alles also hoffentlich in Kürze im deutschen iTunes Store.

◎ iTunes-Geschenke

Wie ein CD-Gutschein im herkömmlichen Plattenladen gibt es im iTunes Store sogenannte *Geschenkgutscheine*. Dabei handelt es sich um Gutscheine, für die der oder die Beschenkte für einen bestimmten Betrag Musik aussuchen kann. Das Tolle an dieser Art von Musikgeschenk ist, dass der Empfänger keine komplette CD kaufen muss, sondern eine Reihe von einzelnen Titeln auswählen kann.

Arten von Geschenken

Klicken Sie auf der Startseite des iTunes Store unter **Alles auf einen Klick** rechts oben auf **Mit iTunes schenken**. Auf der folgenden Seite werden die verschiedenen Arten von Geschenken, die Sie im iTunes Store erwerben können, vorgestellt. Die Bezahlung läuft über Ihre eigene Apple ID, also per Kreditkarte oder *Click&Buy*. Lesen Sie im Folgenden die Beschreibung der verschiedenen Optionen.

iTunes-Karten
Das sind Musikkarten, die Sie jemandem überreichen können. Auf der Karte befindet sich ein Code, der freigerubbelt und im iTunes Store eingegeben werden muss, um das Guthaben zu einer Apple ID hinzuzufügen. Diese Karten sind online im Apple Store und bei verschiedenen Händlern erhältlich.

Druckbare Geschenkgutscheine
Das sind Geschenkgutscheine, die Sie direkt nach dem Kauf auf dem eigenen Drucker ausdrucken können. Damit können Sie z.B. jemanden zum Geburtstag überraschen. Die möglichen Beträge liegen zwischen 10 und 200 Euro.

E-Mail-Geschenkgutscheine
Diese Geschenkgutscheine werden ebenso wie druckbare Geschenkgutscheine erworben, danach aber nicht gedruckt, sondern per E-Mail an den Empfänger versendet. Dieser kann dann direkt von seinem E-Mail-Programm aus das Guthaben zu seiner Apple ID hinzufügen.

Spezielle Musik verschenken
Bei jedem Album im iTunes Store finden Sie die Taste `Musik verschenken`, mit der Sie die Musik direkt an jemanden verschenken können. Klicken Sie auf die Taste, sendet iTunes eine E-Mail an den Empfänger, die diesen darüber informiert, dass er die Musik auf seinen Computer herunterladen kann, die Sie bezahlen. iTunes kann das Musikgeschenk per E-Mail an den Empfänger senden, Sie können jedoch auch einen Ausdruck des Covers machen und dieses überreichen.

Taschengeldkonto
Sie können jemandem auch einen Betrag als monatliches Geschenk zukommen lassen. Das ist z.B. praktisch, um einen festen Betrag zur Apple ID Ihrer Kinder hinzuzufügen, so dass diese z.B. für zehn Euro pro Monat legal Musik herunterladen können.

Geschenkgutschein verschenken

Sobald Sie **Druckbare Geschenkgutscheine** oder **E-Mail-Geschenkgutscheine** auswählen, können Sie die Daten in ein Formular eintragen: Ihren Namen, den des Empfängers, die E-Mail-Adresse des Empfängers und vielleicht eine persönliche Nachricht. Wählen Sie einen Betrag, den Sie verschenken möchten, und klicken Sie in **Weiter**. Die Abbildung kann ausgedruckt oder die E-Mail versendet werden.

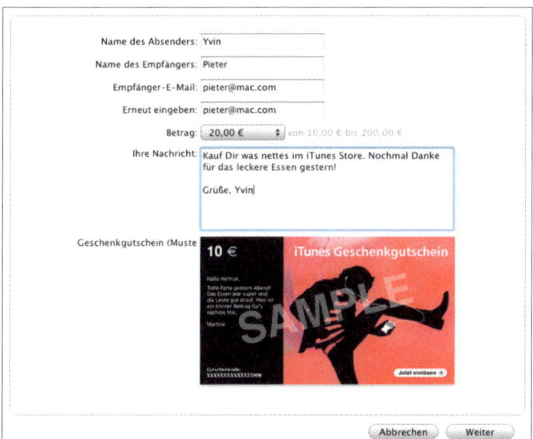

Tragen Sie die Daten ein, um einen E-Mail-Geschenkgutschein per E-Mail zu versenden.

Haben Sie ein Musikgeschenk erhalten?

Ein iTunes-Geschenk enthält immer einen Code, egal, ob es ich um eine iTunes-Musikkarte, einen Geschenkgutschein oder ein Album handelt. Diesen Code müssen Sie im iTunes Store eintragen. Klicken Sie dazu im iTunes Store rechts oben auf der Startseite auf **Einlösen** und tragen Sie den Code im sich öffnenden Fenster ein. Das Guthaben wird Ihrer Apple ID hinzugefügt und die folgenden Einkäufe im iTunes Store werden von diesem Betrag abgezogen. Kaufen Sie mehr, als das Guthaben hergibt, wird der restliche Betrag automatisch von Ihrer eigenen Kreditkarte oder Ihrem *Click&Buy*-Account abgebucht.

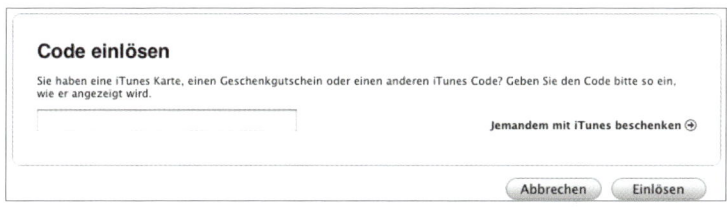

Tragen Sie den empfangenen Code unter **Einlösen** ein, wird das Guthaben zu Ihrer Apple ID hinzugefügt.

Ihr neues Guthaben wird rechts oben neben Ihrem Namen angezeigt.

⊙ Gekaufte Musik

Was dürfen Sie alles mit gekaufter Musik anstellen und was nicht? Da die im iTunes Store gekaufte Musik im AAC-Format kodiert ist, sind auch bestimmte Informationen zum Brennen und Kopieren innerhalb dieser Titel gespeichert. Ein Titel „weiß" z.B., wie oft er bereits auf CD gebrannt wurde und auf wie vielen iPods er sich befindet.

Sie können Titel aus dem iTunes Store normal auf CD brennen. Enthält eine Wiedergabeliste einen Titel aus dem iTunes Store, kann diese Wiedergabeliste allerdings nur sieben Mal auf CD gebrannt werden. So können Sie keine große Auflage kopieren, was sicher auch nicht in Ihrer Absicht liegt.

Ein im iTunes Store gekaufter Titel kann auf maximal fünf verschiedenen Computern wiedergegeben werden. Wenn Sie einen Titel auf einen anderen Computer kopieren, müssen Sie diesen aktivieren. Das heißt, dass Sie Ihre Apple ID und Ihr Kennwort eingeben müssen, um Ihre persönliche Zustimmung zu geben, dass diese Musik wiedergegeben, auf CD gebrannt und auf iPods übertragen werden darf. Weitere Informationen finden Sie im Kasten.

Titel können auf einer unbegrenzten Anzahl von iPods übertragen werden. Daher können auch große Familien und Freundeskreise Ihre gekauften Titel auf eigenen iPods wiedergeben.

CD-Cover drucken

Bei gekauften Titeln erhalten Sie automatisch auch das Albumcover. Das ist nicht nur auf iPods mit Farbdisplay eine feine Sache, wo Sie das Cover während der Wiedergabe anzeigen können, sondern es lässt sich auch drucken. Sobald Sie eine Wiedergabeliste erstellt und davon eine CD gebrannt haben, wählen Sie den Befehl **Drucken** und **CD-Booklet** sowie unter **Thema** den Eintrag **Einzelnes Deckblatt**. iTunes druckt dann ein herrliches Cover, das Sie nur noch (entlang der Linien) ausschneiden und doppelt falten müssen. Jetzt noch in die Hülle einlegen und die CD ist nicht mehr vom Original zu unterscheiden.

Probieren Sie auch einmal andere Themen für CD-Cover aus.

Aktivierungen

Alle von Ihnen gekauften Titel sind an Ihre Apple ID gekoppelt. So kann Apple genau nachvollziehen, ob die Musik nicht auf zu vielen Computern verwendet wird. Wenn Sie Musik aus dem iTunes Store wiedergeben möchten, fragt iTunes nach Ihrer Apple ID. Geben Sie diese mit Kennwort ein, haben Sie den Computer ermächtigt, die Musik mit Ihrer Apple ID wiederzugeben. Sie benötigen eine Internetverbindung, um einen Computer zu aktivieren, was Sie natürlich nur einmal tun müssen.

Fügen Sie Ihre Apple ID und Ihr Kennwort ein, um einen Computer zu aktivieren.

Es können maximal fünf Computer aktiviert werden. Möchten Sie einen sechsten Computer aktivieren, müssen Sie einen anderen Computer deaktivieren. Wählen Sie dazu auf dem betreffenden Computer **Store/Account auf diesem Computer deaktivieren**.

DRM-Kopierschutz und iTunes Plus (⊕)

Die im iTunes Store gekauften AAC-Dateien sind mit *DRM* gegen Kopieren im großen Stil geschützt. DRM steht für *Digital Rights Management* und speichert, was Sie mit der Musik anstellen. Je nach Online-Musikvertrieb können sich die Rechte stark unterscheiden. Im iTunes Store gekaufte Titel dürfen als Bestandteil ein- und derselben Wiedergabeliste maximal auf sieben CDs (sowie einzelne Titel beliebig oft) gebrannt und mit beliebig vielen iPods synchronisiert werden. Zudem können Sie die Musik auf maximal fünf aktivierten Computern wiedergeben.

Apple ist häufig in der Diskussion, da andere Firmen finden, Apple schütze den Markt zu sehr, weswegen es regelmäßig zu Prozessen kommt.

Seit dem Sommer 2007 bietet Apple unter dem Namen iTunes Plus verschiedene Titel auch DRM-frei an. Die Titel waren zunächst teurer als die geschützten Titel, durch die Konkurrenz auf dem digitalen Musikmarkt kosten die iTunes Plus-Titel jetzt jedoch auch 99 Cent pro Stück. Auch die Klangqualität ist durch eine bessere Kodierung (256 Kbit/Sek. statt 128 Kbit/Sek.) höher. DRM-freie Titel sind am ⊕-Symbol vor dem Preis erkennbar, das Kaufen und Downloaden funktioniert genauso wie bisher.

◎ Tipps für den iTunes Store

Einkaufswagen

Möchten Sie viele Titel herunterladen, sollten Sie einen Einkaufswagen benutzen, in dem alle Titel gesammelt werden. Sind Sie fertig, rechnen Sie auf einen Schlag ab und laden alle ausgesuchten Titel herunter. Das Blättern im Store geht schneller, da iTunes nicht im Hintergrund mit dem Herunterladen beginnt. Wählen Sie **iTunes/Einstellungen** (M) bzw. **Bearbeiten/Einstellungen** (W) und klicken Sie auf **Store**. Wählen Sie dann **Einkaufswagen zum Einkaufen verwenden** und klicken Sie auf **OK**. Hinter jedem Titel erscheint **Titel hinzufügen**. Klicken Sie darauf, um einen Titel oder ein Album in den Einkaufswagen zu legen. Möchten Sie den Einkauf beenden, klicken Sie im Quellenbereich auf **Einkaufswagen** und rechts unten auf **Jetzt kaufen**.

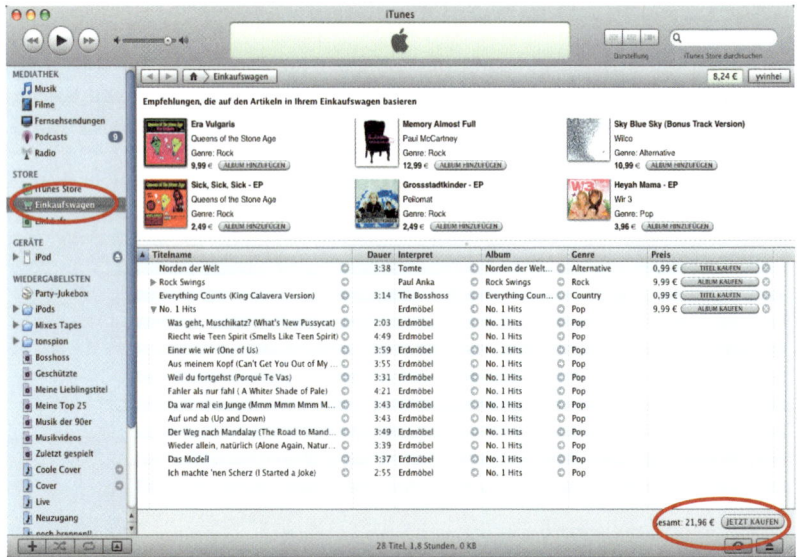

Klicken Sie auf den Einkaufswagen, um abzurechnen und alles herunterzuladen.

Gekaufte Musik auf anderen Computern

Seit der letzten iTunes-Version ist es sehr einfach, gekaufte Musik mit dem iPod auf andere Computer zu übertragen. Achten Sie darauf, dass es maximal fünf Computer sein dürfen. Sobald Sie den iPod nämlich auf automatisch aktualisieren eingestellt haben (siehe Seite 51), erscheint jedes Mal, wenn Sie den iPod an einen anderen Computer anschließen, ein Fenster, in dem Sie gefragt werden, ob Sie die im iTunes Store gekaufte Musik auf diesen Computer übertragen möchten. Der Computer muss danach allerdings noch aktiviert werden (siehe Seite121).

Probleme beim Herunterladen?

Manchmal kommt es vor, dass Sie einen Titel oder ein Album aus dem iTunes Store herunterladen und die Internetverbindung unterbrochen wird. Keine Sorge, Sie können später jederzeit nach gekaufter Musik suchen und den Download fortsetzen, indem Sie **Store/Nach gekauften Artikeln suchen** wählen. Hat iTunes die Musik gefunden, die Sie zwar gekauft, aber aus irgendeinem Grund nicht auf Ihrem Computer haben, wird diese sofort heruntergeladen.

Verknüpfungen zum iTunes Store

In der Bibliothek befindet sich standardmäßig hinter jedem markierten Titel, Interpreten und Album ein Pfeil (◯). Klicken Sie auf einen dieser Pfeile, gelangen Sie direkt zum betreffenden Interpreten oder Album. Möchten Sie diese Pfeile lieber verbergen, weil Sie oft versehentlich daraufklicken, wählen Sie **iTunes/ Einstellungen** (M) bzw. **Bearbeiten/Einstellungen** (W) und **Allgemein**. Deaktivieren Sie das Feld **Verknüpfungen zum iTunes Store anzeigen**.

Blenden Sie die Verknüpfungen zum iTunes Store ein oder aus.

Eine Wiedergabeliste verschenken

Haben Sie eine gute Wiedergabeliste angelegt und möchten Sie die enthaltenen Titel verschenken, klicken Sie auf den Pfeil, der neben dem Namen der Wiedergabeliste erscheint, wenn Sie diese auswählen. Im sich öffnenden Fenster können Sie wählen, ob Sie die Wiedergabeliste verschenken oder als iMix veröffentlichen möchten. Klicken Sie auf **Liste schenken** und füllen Sie das Formular aus. Der Empfänger erhält eine E-Mail, in der erklärt wird, wie er die Musik herunterladen kann. Achten Sie darauf, dass die Musik in der Wiedergabeliste natürlich im iTunes Store verfügbar sein muss, da Apple die Musik sonst nicht verkaufen kann. Informationen über das Erstellen eines iMix finden Sie auf Seite 85.

Abmelden!

Klicken Sie auf die Taste mit Ihrer Apple ID (rechts oben im iTunes Store) und dort auf **Abmelden**. So stellen Sie sicher, dass kein anderer Benutzer des Computers versehentlich eine Menge Musik auf Ihre Kosten einkauft.

Ausländische iTunes Stores

Mit einer an eine deutsche Bank gekoppelten Kreditkarte können Sie nur im deutschen iTunes Store einkaufen. Natürlich können Sie in den iTunes Stores anderer Länder stöbern. Klicken Sie auf der Startseite des iTunes Store ganz unten in das Menü **Mein Store**, um das Land zu wechseln, und wählen Sie ein Land aus. Bedenken Sie, dass Sie in anderen Ländern keine Musik kaufen können, was mit den Rechten zusammenhängt. Sie können allerdings z.B. betrachten, was in den USA in den Top 100 steht.

Spiele auf dem iPod (nur iPods der fünften Generation)

Besitzen Sie einen iPod der fünften Generation, können Sie auch Spiele aus dem iTunes Store laden und auf dem iPod spielen. Zum Zeitpunkt der Drucklegung dieses Buchs sind Spiele wie z.B. Tetris, Sudoku und Mini Golf verfügbar. Klicken Sie auf der Startseite des iTunes Store links oben auf **iPod Spiele**, können Sie alle verfügbaren Spiele sehen. Klicken Sie auf das gewünschte Spiel und auf **Spiel kaufen**, um ein Spiel herunterzuladen. Das Spiel landet in der Liste **Quelle** unter **iPod Spiele**. Schließen Sie Ihren iPod der fünften Generation das nächste Mal an, können Sie das Spiel auch auf dem iPod spielen. Die Spiele kosten je 4,99 Euro.

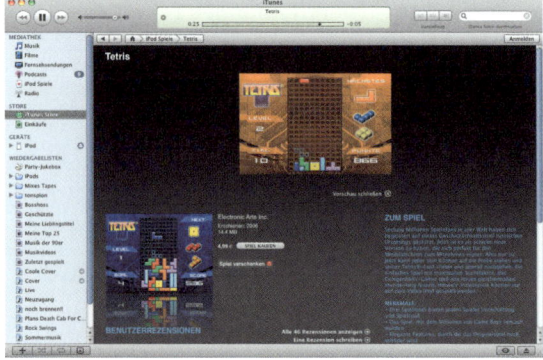

In der Liste **Quelle** können Sie Ihre gekauften Spiele sehen (nicht spielen, das geht nur auf dem iPod).

Wählen Sie im Übersichtsfenster des iPod den Tab **Spiele**. Hier können Sie angeben, welche Spiele Sie auf dem iPod installieren möchten. Klicken Sie auf **Anwenden**, um die Spiele tatsächlich auf den iPod zu übertragen.

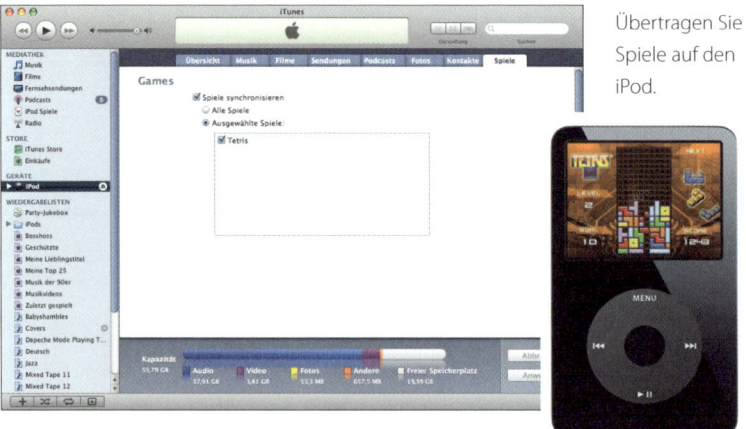

Übertragen Sie Spiele auf den iPod.

7 Podcasts

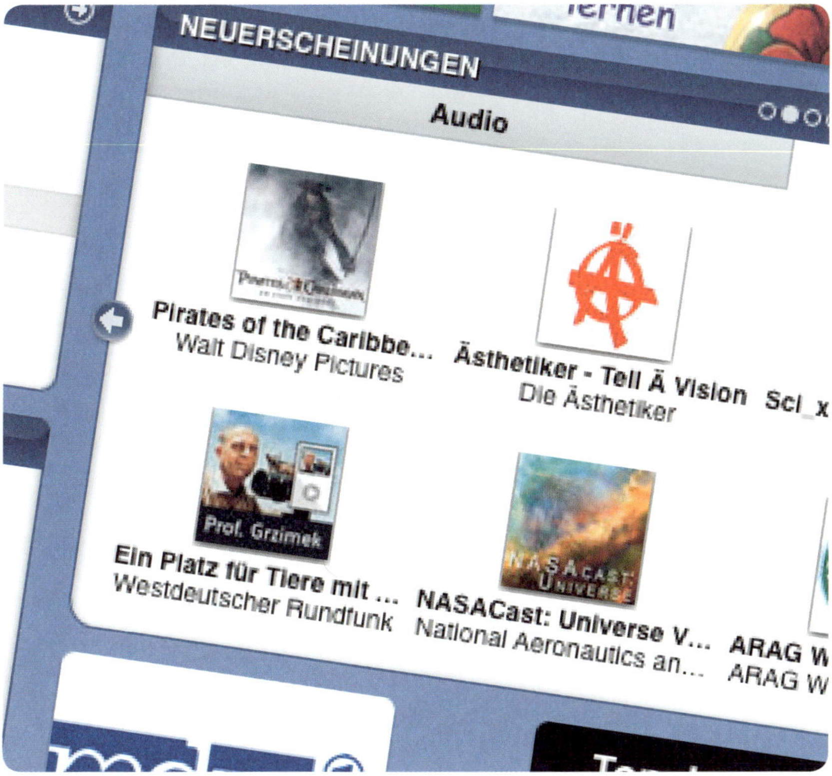
NEUERSCHEINUNGEN
Audio
Pirates of the Caribbe...
Walt Disney Pictures
Ästhetiker - Tell Ä Vision
Die Ästhetiker
Prof. Grzimek
Ein Platz für Tiere mit ...
Westdeutscher Rundfunk
NASACast: Universe V...
National Aeronautics an...
ARAG W
ARAG W

Vor nicht allzu langer Zeit entstand im Internet ein neues Phänomen. Leute begannen damit, Radiosendungen über das Internet zu senden. Der Vorteil dieser Sendungen ist, dass Sie nicht zu einer bestimmten Zeit vor dem Radio sitzen müssen, um die Sendung aus dem Internet herunterzuladen. Ihr Lieblingssender braucht daher nicht mehr im Paket des Kabelanbieters enthalten zu sein oder im Empfangsbereich Ihrer Antenne. Mit einem Internetanschluss empfangen Sie schnell und einfach Sendungen aus der ganzen Welt.

Radiosendungen im Internet

Ein Podcast kann viele verschiedene Themen abdecken. Es gibt natürlich Podcasts über Sport, aber auch Sendungen, in denen es überwiegend um wissenschaftliche Themen bis hin zur Kernphysik geht, und Sprachkurse. Es ist also für jeden etwas dabei.

Der Begriff Podcast ist eine Zusammensetzung aus iPod und Broadcast, Englisch für Radiosendung. Der iPod ist natürlich das Medium schlechthin, um Podcasts wiederzugeben. Apple hat die Zeichen der Zeit erkannt und beschloss daher, Podcasts in iTunes zu integrieren. Ab iTunes Version 4.9 können Anwender einfach Podcasts herunterladen und auf dem Computer oder dem iPod wiedergeben.

Apple hat sich dazu entschlossen, Podcasts in den iTunes Store zu integrieren. Genauso einfach, wie Sie Musik kaufen und auf die Festplatte Ihres Computers herunterladen, abonnieren Sie auch Ihre Lieblings-Podcasts. Und das Beste daran ist, dass fast alle Podcasts kostenlos erhältlich sind.

Nach Podcasts suchen

Klicken Sie in der Liste **Quelle** auf **iTunes Store**, um diesen zu besuchen. Auf der Startseite des Store finden Sie links unter **iTunes Store** den Link zu den **Podcasts**. Klicken Sie auf diesen Link, um die Podcast-Seite aufzurufen.

Klicken Sie auf Podcasts, um im iTunes Store nach Sendungen zu suchen.

Neue Podcasts im iTunes Store

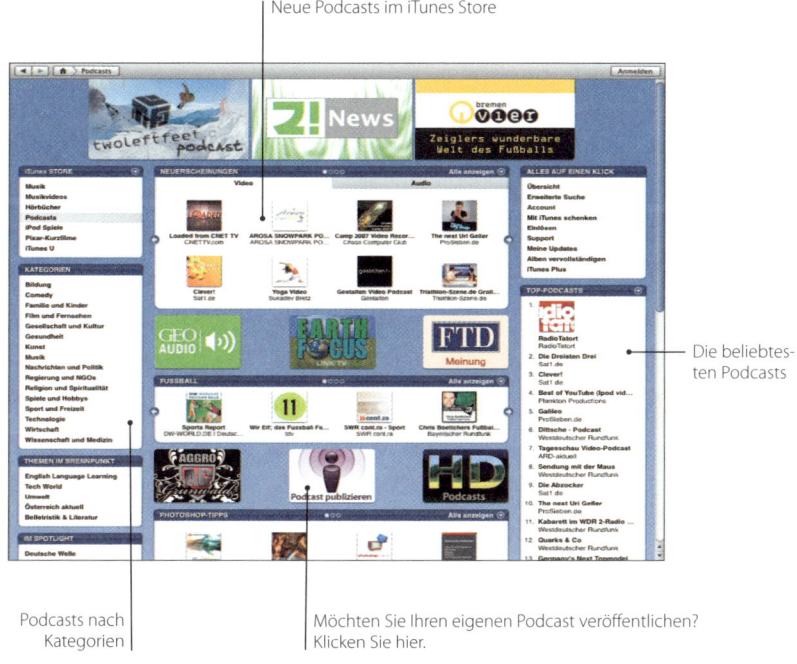

Die beliebtes-
ten Podcasts

Podcasts nach
Kategorien

Möchten Sie Ihren eigenen Podcast veröffentlichen?
Klicken Sie hier.

Sie sehen, dass Podcasts sich unterschiedlichsten Themen widmen. Auch große Radiosender veröffentlichen eigene Podcasts. Die Finanzierung funktioniert
über Werbung. Da die Radiosender natürlich für abgespielte Titel bezahlen, enthalten die Podcasts großer Sender häufig auch Musik.

Wie bei Musik können Sie auch hier nach Herzenslust in den Podcasts stöbern.
Doppelklicken Sie einen Podcast, um ihn wiederzugeben. Im Gegensatz zu Musik im iTunes Store können Sie einen Podcast beliebig oft anhören, ohne diesen
herunterzuladen, und Sie benötigen keine Apple ID (Account).

Doppelklicken Sie in iTunes auf die Sendung, die Sie hören möchten. Abhängig
von der Geschwindigkeit Ihrer Internetverbindung gibt iTunes die Sendung als
Stream wieder und es wird nichts heruntergeladen.

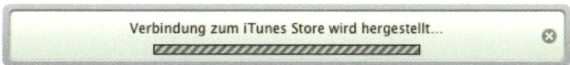

Abhängig von der Geschwindigkeit Ihrer Internetverbindung sucht iTunes
nach bestimmten Seiten oder Podcasts im Store.

Podcast abonnieren

Sie können natürlich jede Sendung einzeln aus dem Internet oder dem iTunes Store herunterladen, was jedoch etwas lästig sein kann. Daher bietet iTunes Funktionen an, die das völlig überflüssig machen. Sie können Podcasts nämlich einfach abonnieren, so viele Sie möchten. Als Abonnent eines Podcast wird jedes Mal, wenn eine neue Sendung verfügbar ist, diese automatisch auf Ihren Computer heruntergeladen. Sie müssen also nicht ständig nach den neuesten Ausgaben suchen, da sich diese bereits auf Ihrem Computer befinden.

Klicken Sie hier, um den Podcast zu abonnieren.

Besuchen Sie die Website der Produzenten des Podcast.

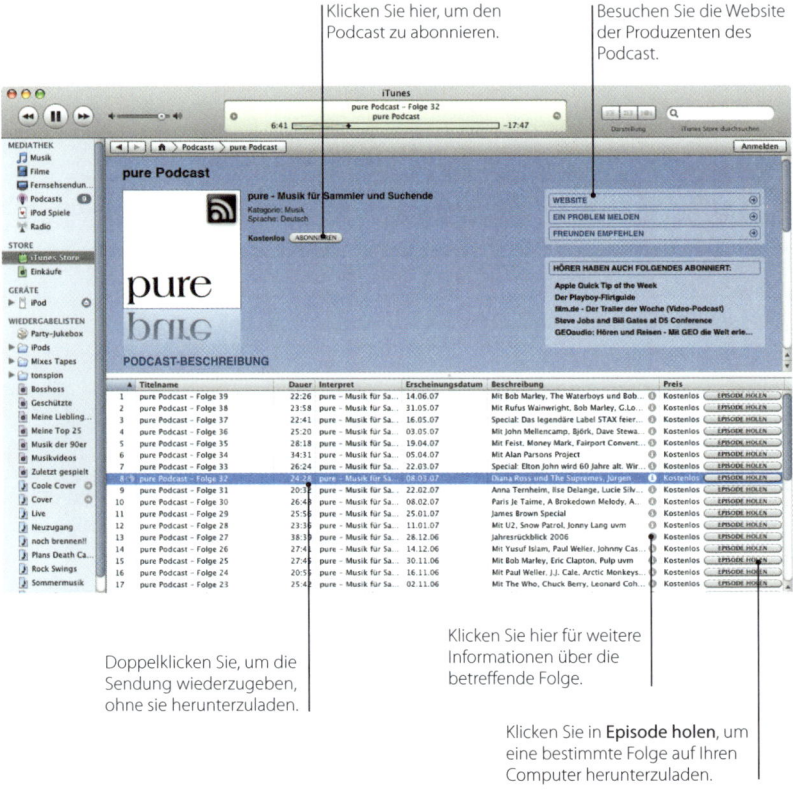

Doppelklicken Sie, um die Sendung wiederzugeben, ohne sie herunterzuladen.

Klicken Sie hier für weitere Informationen über die betreffende Folge.

Klicken Sie in **Episode holen**, um eine bestimmte Folge auf Ihren Computer herunterzuladen.

Sobald Sie eine Episode herunterladen oder einen Podcast abonnieren, öffnet iTunes automatisch das Podcast-Fenster und beginnt mit dem Herunterladen. Haben Sie nur eine Folge heruntergeladen und Sie finden den Podcast interessant, können Sie mit einem Klick in **Abonnieren** dafür sorgen, dass die jeweils aktuellen Episoden automatisch geladen werden. Zudem werden die letzten Episoden heruntergeladen.

iTunes beginnt automatisch mit dem Herunterladen.

Klicken Sie auf ein Dreieck, um alle Episoden eines Podcast einzublenden.

Klicken Sie auf **Aktualisieren**, um manuell nach neuen Episoden zu suchen.

Klicken Sie in der Liste **Quelle** auf **Podcasts**, um alle Podcasts auf Ihrem Computer anzuzeigen. Es erscheint eine Übersicht aller Podcasts, die Sie abonniert haben bzw. von denen Sie eine Episode heruntergeladen haben. Klicken Sie auf das Dreieck vor dem Namen eines Podcast, um alle Episoden anzuzeigen. Vor dem Namen befindet sich ein blauer Punkt, wenn Sie diese Episode noch nicht betrachtet haben. Erscheint hinter der Episode die Taste **Holen**, können Sie hineinklicken, um die Episode nachträglich herunterzuladen.

Downloadmanager

Neu in iTunes ist ein Fenster, in dem alle Downloads aus dem iTunes Store angezeigt werden. Sobald Sie etwas aus dem Store herunterladen (egal, ob ein Titel, ein Album oder ein Podcast) erscheint **Geladene Dateien** in der Liste **Quelle**. Klicken Sie hinein, um eine Übersicht aller Daten zu erhalten, die Sie aktuell herunterladen. Sie können z.B. einen Download unterbrechen, weil Sie Ihre Internetverbindung zeitgleich anderweitig benötigen.

Während Sie Artikel aus dem Store herunterladen, können Sie den Downloadmanager einblenden. Klicken Sie ganz rechts auf das Pausensymbol, um einen Ladevorgang zeitweise zu unterbrechen.

Podcasts anhören

Doppelklicken Sie auf eine Episode, um diese anzuhören. Vor Episoden, die Sie noch nicht wiedergegeben haben, erscheint ein blauer Punkt und iTunes merkt sich außerdem, an welchem Punkt Sie die Wiedergabe unterbrochen haben. Sobald Sie eine Episode doppelklicken, von der Sie bereits einen Teil wiedergegeben haben, setzt iTunes die Wiedergabe dort fort, wo Sie zuletzt waren. Auch von auf dem iPod wiedergegebenen Episoden wird festgehalten, bis wohin Sie diese angehört haben. Nach der Synchronisation mit iTunes werden sie aktualisiert. So hören Sie keine Episode oder Teile davon doppelt.

Da Podcasts ebenfalls im AAC-Format gesendet werden, kann iTunes auch hier viel mehr leisten. So ist es möglich, Informationen in Form von Abbildungen mit den Podcasts zu übertragen. Klicken Sie unten links auf **Albumcover einblenden**, um diese zu betrachten. Hier lassen sich während der Wiedergabe von Podcasts auch Links anzeigen, auf die Sie klicken, um damit direkt zur entsprechenden Seite zu gelangen, die weitere Informationen zum aktuellen Thema enthält. Wählen Sie **Darstellung** (M) bzw. **Anzeigen** (W)/**Cover einblenden**, um die Illustrationen eines Podcast anzuzeigen.

Während der Wiedergabe von Podcasts sehen Sie eine Abbildung, die sogar Links zu Websites mit weiteren Informationen zum Thema enthalten kann.

Kapitel in Episoden

Eine Podcast-Sendung kann in verschiedene Kapitel unterteilt sein, was eine Entscheidung der Ersteller ist. Nicht jeder Podcast ist damit ausgestattet. In iTunes können Sie einfach und schnell zum nächsten Kapitel springen. Klicken Sie dazu im iTunes-Fenster oben neben der Anzeige auf das Menüsymbol, das erscheint, wenn Sie eine Episode wiedergeben, die Kapitelmarkierungen enthält. Wählen Sie danach das gewünschte Kapitel aus dem Einblendmenü.

Podcast-Einstellungen

Klicken Sie in der Liste **Quelle** auf **Podcasts**. Links unten im Fenster finden Sie die Option **Einstellungen**. Klicken Sie darauf, um die Einstellungen zum Umgang von iTunes mit (Video-)Podcasts anzupassen.

① Wie oft soll iTunes nach neuen Episoden suchen? Wählen Sie **Manuell**, wenn Sie **Aktualisieren** verwenden möchten (siehe Seite 129).

② Welche Episoden sollen heruntergeladen werden, falls iTunes neue Episoden gefunden hat? Geben Sie hier an, ob iTunes nur die neuesten oder alle Episoden laden soll.

③ Legen Sie fest, wie iTunes mit wiedergegebenen oder älteren Episoden verfahren soll. Beachten Sie, dass einige (Video-)Podcasts täglich neue Episoden veröffentlichen, andere dagegen wöchentlich oder in unregelmäßigen Zeitabständen erscheinen.

RSS

Die Produzenten eines Podcast bringen Episoden in Kombination mit einem *RSS-Feed* auf ihre Website. RSS steht für *Really Simple Syndication* und bedeutet, dass Sie mit bestimmten Programmen Nachrichten lesen und auch Podcasts auf ihre Aktualität hin prüfen können.

Mit einem RSS-Reader (wie z.B. dem Internet Explorer (W) und Safari (M)) können Sie ohne großen Aufwand im Internet nach Nachrichten suchen. Abonnieren Sie z.B. den Nachrichtendienst einer Online-Zeitung, sucht Ihr Browser automatisch mehrmals am Tag nach neuen Einträgen auf der Site der Zeitung. Wurden neue Nachrichten hinzugefügt, zeigt Ihr Browser das an. Mit iTunes können Sie auf dieselbe Art nach Podcasts suchen.

⊙ Video-Podcasts

Ein logischer Schritt führte von Radio- zu Fernsehsendungen. Das Internet eignet sich in besonderer Weise, um Videobilder zu verbreiten. Da (wie bei Musik)
auch bewegte Bilder immer besser komprimiert werden können, entstehen kleine Dateien, die sich relativ schnell übertragen lassen. Seit iTunes Version 5 können Videos und Filme in iTunes selbst wiedergegeben werden. Jetzt hat Apple
damit begonnen, Videos und Clips aus dem iTunes Store herunterzuladen. Genauso einfach wie Radio-Podcasts laden Sie auch sogenannte Video-Podcasts
herunter.

Von kurzen Animationen bis hin zu langen Episoden historischer Programme –
auch im Bereich Videos ist im Podcast-Bereich des iTunes Store einiges zu finden. Auch Video-Podcasts lassen sich abonnieren, so dass Sie diese auf Ihrem
Computer oder auf einem iPod der fünften Generation wiedergeben können.
Wie Radio-Podcasts sind auch Video-Podcasts meist gratis.

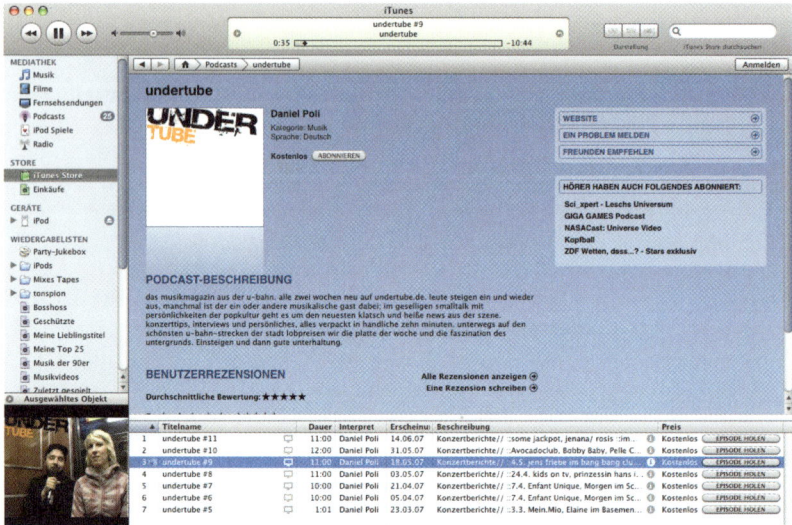

Sie erkennen einen Video-Podcast am dahinter befindlichen Bildschirmsymbol (⌨). Doppelklicken Sie eine Episode, um direkt eine Vorschau zu sehen (hierzu ist allerdings eine wirklich
schnelle Internetverbindung erforderlich).

Sobald Sie eine Episode herunterladen oder einen Video-Podcast abonnieren,
zeigt iTunes (wie bei herkömmlichen Podcasts) das Fenster **Podcasts** an. Gehen
Sie mit Video-Podcasts genauso um wie mit Radio-Podcasts, iTunes macht zum
Glück keinen Unterschied zwischen Audio und Video. Siehe Seite 136 zu PDF-
Dokumenten und Podcasts.

Video-Podcast wiedergeben

Wie ein Podcasts und Musik aus der Bibliothek geben Sie einen Video-Podcast wieder, indem Sie auf ihn doppelklicken. Die Cover-Anzeige öffnet sich automatisch, falls diese noch nicht eingeblendet ist, und darin erscheint das Video. Klicken Sie in diesen Bereich, wird der Video-Podcast (oder Film) in einem separaten größeren Fenster wiedergegeben.

Klicken Sie in die Cover-Anzeige, in der ein Video wiedergegeben wird, öffnet sich ein separates Fenster. Fahren Sie mit dem Mauszeiger über das Fenster, werden Steuerelemente eingeblendet. Klicken Sie auf das Symbol ganz rechts, um das Video bildschirmfüllend anzuzeigen.

Der Punkt, an dem Sie die Wiedergabe eines Video-Podcast unterbrechen, wird von iTunes registriert. Wenn Sie also später weiterschauen möchten, doppelklicken Sie auf die Episode und diese wird ab dem Punkt wiedergegeben, an dem Sie zuletzt aufgehört haben zu schauen.

Quicktime H.264

Video-Podcasts nehmen auf der Festplatte mehr Speicherplatz ein, weil Video mehr Daten enthält als Audio. Zum Glück werden die meisten Video-Podcasts im Quicktime-H.264-Format gespeichert, das sich sowohl auf kleinen als auch auf großen Bildschirmen sehr gut wiedergeben lässt, ohne allzu viel Speicherplatz zu belegen. Ein Video-Podcast von einer Minute Länge benötigt etwa 5 MB Speicherkapazität. Mit dieser Methode passen einige Video-Podcasts auf Ihren iPod mit Videounterstützung.

Quicktime wird standardmäßig mit jedem Mac ausgeliefert und sobald Sie iTunes auf einem PC installieren, ist Quicktime dabei.

Podcasts und der iPod

Wenn Ihr iPod auf automatisches Synchronisieren eingestellt ist, werden auch alle heruntergeladenen Episoden auf den iPod übertragen. Natürlich können Sie das in den persönlichen Einstellungen ändern. Schließen Sie den iPod an, klicken Sie auf das iPod-Symbol in der Liste **Quelle** und auf den Tab **Podcasts**.

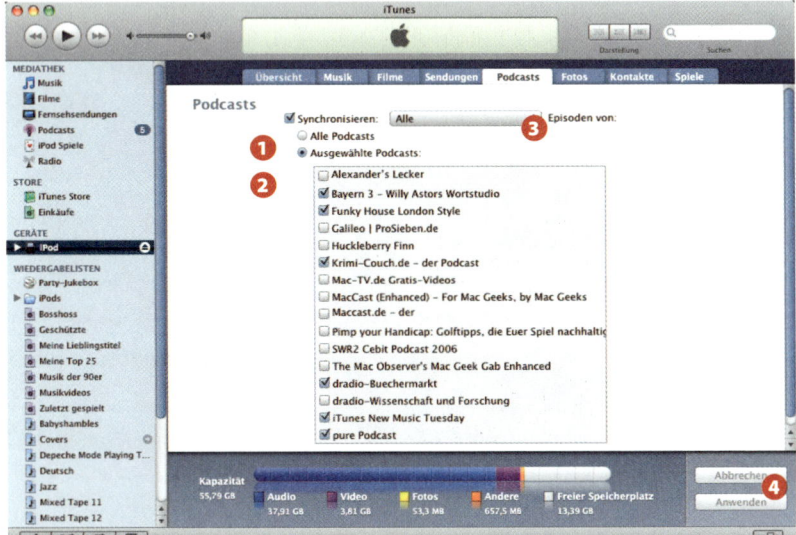

1 Markieren Sie das Feld **Synchronisieren** und wählen Sie **Alle Podcasts**, um alle Podcasts automatisch auf den iPod zu übertragen.

2 Wählen Sie die Option **Ausgewählte Podcasts** und markieren Sie im darunterliegenden Feld die gewünschten Podcasts. Der iPod aktualisiert dann nur die markierten Podcasts.

3 Wenn Sie automatisch alle oder ausgewählte Podcasts aktualisieren lassen, legen Sie hier fest, ob alle oder nur die neuesten Episoden aktualisiert werden sollen. Sie haben verschiedene Optionen zur Wahl (siehe unten).

4 Klicken Sie auf **Anwenden**, wenn Sie mit den Einstellungen fertig sind.

Wählen Sie im Einblendmenü, welche Podcasts Sie synchronisieren möchten, z.B. nur die neuesten, alle nicht wiedergegebenen oder einfach alle.

Alle
1 neueste
3 neueste
5 neueste
10 neueste

Alle ungespielten
Letzte ungespielte

Wo sind die Podcasts auf dem iPod?

Auf dem iPod finden Sie Podcasts unter **Musik/Podcasts** und Video-Podcasts (nur auf iPods der fünften Generation) unter **Videos/Video-Podcasts**. Haben Sie einen Video-Podcast noch nicht wiedergegeben, erkennen Sie das an dem blauen Kreis vor dem Titel des Podcast. Wie in iTunes verschwindet dieser, wenn der Podcast abgespielt wurde. Schließen Sie den iPod später an den Computer an, verschwinden die Kreise bei Podcasts, die Sie bereits auf dem iPod wiedergegeben haben, auch in iTunes automatisch. iTunes behält alles bei, egal, ob die Wiedergabe auf dem iPod oder in iTunes selbst erfolgt ist.

Auf iPods der fünften Generation können Sie auch Video-Podcasts wiedergeben.

Bei der Wiedergabe eines Podcast oder Video-Podcast wird registriert, an welcher Stelle dieser unterbrochen wird. Starten Sie die Wiedergabe in iTunes oder auf dem iPod erneut, wird dieser an der richtigen Stelle fortgesetzt.

Der iPod shuffle und Podcasts

Obwohl der iPod shuffle kein Display hat, können Sie natürlich auch hierauf Podcasts übertragen und wiedergeben. Im Übersichtsfenster des iPod shuffle finden Sie nichts zu Podcasts. Sie müssen die gewünschten Episoden manuell auf das iPod shuffle-Symbol in der Liste **Quelle** ziehen. Sie können auch einen kompletten Podcast inklusive aller Episoden auf den iPod shuffle ziehen.

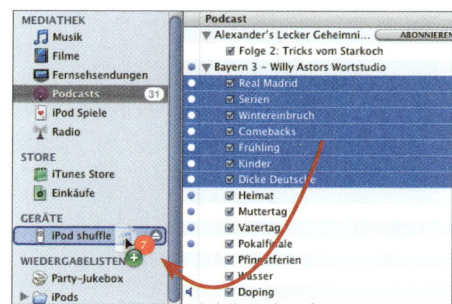

Ziehen Sie den gewünschten Podcast auf das Symbol des iPod shuffle in der Liste **Quelle**.

◎ Tipps für Podcasts

Die Zeitung auf dem Computer?

Wie bereits erwähnt, kann ein Podcast auch Bilder in Form von Fotos oder PDF-Dokumenten beinhalten. Diese Objekte erkennen Sie an einem Buchsymbol (📖) hinter dem Namen der Episode. Doppelklicken Sie darauf, um das Objekt im entsprechenden Programm zu öffnen (z.B. Acrobat Reader für PDF-Dokumente). Es gibt Zeitungen, die tägliche Ausgaben als PDF zur Verfügung stellen, ideal, wenn Sie die Nachrichten lesen möchten. Das Schöne an PDFs ist, dass Sie diese natürlich drucken können.

Leider können Sie PDF-Dokumente bisher nicht auf dem iPod lesen, vielleicht wird das jedoch in Zukunft möglich sein.

Schützen Sie Ihre Kinder

Im iTunes Store sind Podcasts und Video-Podcasts zu den verschiedensten Themen zu finden. Davon sind nicht alle für jugendliche Zuhörer und Zuschauer geeignet. Glücklicherweise werden alle Podcasts, bevor diese zum iTunes Store hinzugefügt werden, auf ihren Inhalt überprüft. Ist das Thema ungeeignet für Kinder, erhält ein solcher Podcast den Zusatz *explicit*. Sie erkennen solche Podcasts an dem Symbol EXPLICIT hinter dem Titel einer Episode. Innerhalb von iTunes können Sie festlegen, dass Kinder nicht in der Lage sind, Episoden eines solchen Podcast herunterzuladen. Wählen Sie **iTunes/Einstellungen** (M) bzw. **Bearbeiten/Einstellungen** (W) und klicken Sie auf **Kindersicherung**. Hier können Sie angeben, dass anstößige Inhalte im iTunes Store nicht zugänglich sein sollen. Klicken Sie abschließend auf das Schloss, um Änderungen zu verhindern.

Schützen Sie Ihre Kinder vor anstößigen Inhalten im iTunes Store, das gilt auch für Musik und Filme.

8

Praktische Tipps für iTunes und den iPod

◉ Tipps für iTunes

Spalten anpassen

Die Spalten in iTunes lassen sich ganz nach Geschmack anpassen. Ändern Sie z.B. die Reihenfolge oder zeigen Sie Spalten an, die standardmäßig nicht sichtbar sind. Wählen Sie **Darstellung/Darstellungsoptionen** (M) bzw. **Anzeigen/Darstellungsoptionen** (W) und markieren Sie die Spalten, die Sie anzeigen möchten. Diese Anpassungen sind für jeden Eintrag der Liste **Quelle** möglich.

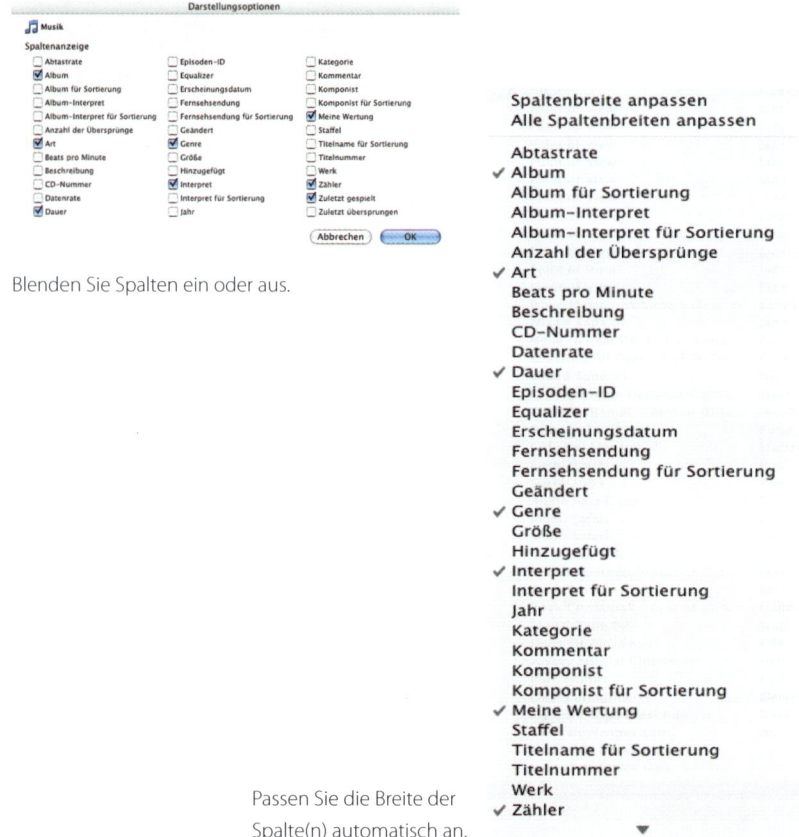

Blenden Sie Spalten ein oder aus.

Passen Sie die Breite der
Spalte(n) automatisch an.

Ändern Sie die Reihenfolge der Spalten, indem Sie mit gedrückter Maustaste einen Spaltenkopf anklicken und diesen nach links oder rechts ziehen. Passen Sie die Breite der Spalten schnell an den längsten Eintrag an, indem Sie mit der rechten Maustaste in den Spaltenkopf klicken und den Eintrag **Spaltenbreite anpassen** wählen.

Musik im Netzwerk freigeben

In einem lokalen Netzwerk können die einzelnen iTunes-Bibliotheken auf allen Computern genutzt werden. In einem Netzwerk installieren Sie auf allen Computern iTunes (Sie finden die neueste Version unter www.itunes.com). Wählen Sie **iTunes/Einstellungen** (M) bzw. **Bearbeiten/Einstellungen** (W) und klicken Sie auf **Freigabe**. Nach der Freigabe müssen Sie nicht mehr alle CDs mehrmals importieren, sondern können von jedem Computer aus die Musik der anderen wiedergeben. Diese Titel lassen sich jedoch weder kopieren noch in eigene Wiedergabelisten aufnehmen oder anderweitig ändern.

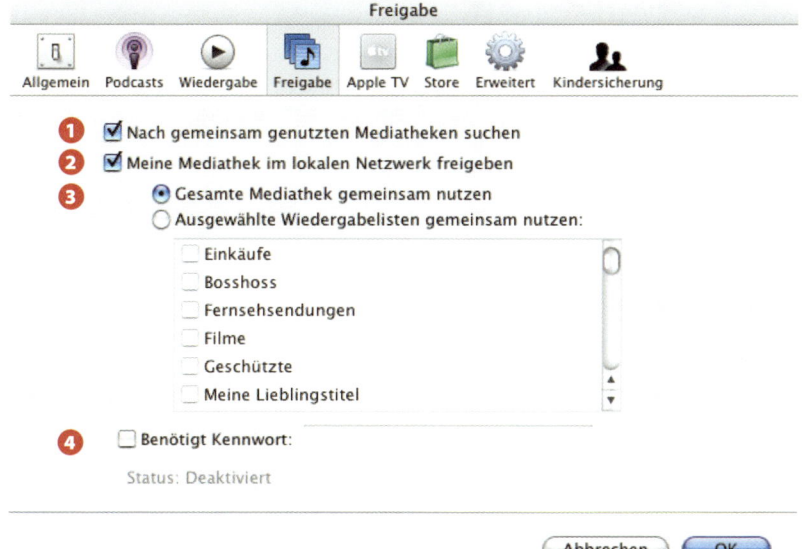

❶ Geben Sie an, ob dieser Computer nach freigegebenen Bibliotheken im Netzwerk suchen soll.

❷ Legen Sie hier fest, ob Sie die Bibliothek auf diesem Computer für andere Computer freigeben und damit sichtbar machen möchten.

❸ Entscheiden Sie, ob die gesamte Musik oder nur bestimmte Wiedergabelisten freigegeben werden.

❹ Legen Sie eventuell ein Kennwort fest, wenn Sie nicht jedem im Netzwerk Zugang zu Ihrer Bibliothek verschaffen möchten.

Der Name der freigegebenen Bibliothek kann auf dem Tab **Allgemein** eingetragen werden. Der dort eingegebene Name erscheint bei den angeschlossenen Benutzern in der Liste **Quelle**.

Befindet sich im Netzwerk ein Computer, dessen Musik freigegeben ist, erscheint der Name in der Liste **Quelle**. Klicken Sie in den Namen, um die Musik sichtbar zu machen. Das kann einen Moment dauern, abhängig davon, wie viel Musik sich in der Bibliothek befindet und wie schnell die Netzwerkverbindung ist. Wie gesagt, lässt sich die Musik nur wiedergeben, jedoch nicht kopieren oder ändern.

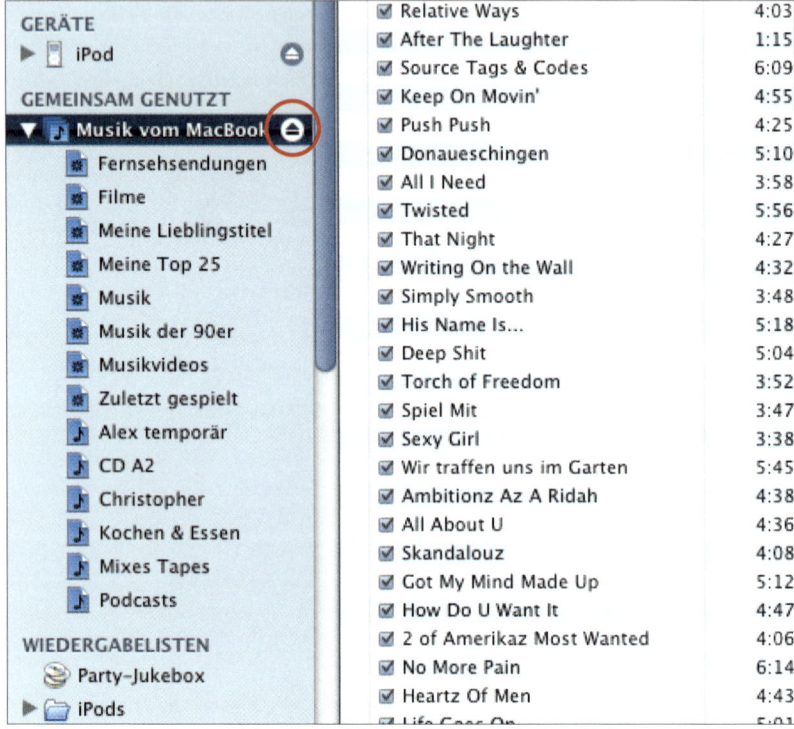

Die freigegebene Musik des anderen Computers wird in der Liste **Quelle** inklusive der Wiedergabelisten sichtbar. Gemeinsame Bibliotheken haben ein dunkelblaues Symbol.

Es können maximal fünf Computer eine Bibliothek gemeinsam nutzen. Um die Verbindung für einen anderen Computer freizumachen, klicken Sie auf **Auswerfen** neben dem Namen der Bibliothek (siehe Abbildung).

Doppelte Titel

Es kommt natürlich schon mal vor, dass Sie versehentlich eine CD zum zweiten Mal importieren oder ein Album einen Titel enthält, der sich bereits in der Bibliothek befindet. Das ist eigentlich eine Schande in Bezug auf den Platz auf Ihrer Festplatte und dem iPod. iTunes kann jedoch doppelte Titel anzeigen, wodurch es einfacher wird, diese aufzufinden und gegebenenfalls zu entfernen. Wählen Sie **Darstellung/Duplikate anzeigen** (M) bzw. **Anzeigen/Doppelte Titel anzeigen** (W). Im Fenster erscheinen alle Titel, deren Name übereinstimmt. Bevor Sie einen Titel voreilig löschen, sollten Sie diesen jedoch wiedergeben. Es kann sich nämlich durchaus um eine andere Version handeln, wie z.B. eine Live-Aufnahme oder eine extra lange Fassung. iTunes zeigt nur Titel mit dem gleichen Namen an, die Länge bleibt unberücksichtigt. Löschen müssen Sie die Titel von Hand. Wenn Sie dies von Zeit zu Zeit tun, bleibt die Liste mit doppelten Titeln verhältnismäßig kurz. Klicken Sie abschließend auf **Alle einblenden**, um wieder alle Titel anzuzeigen.

iTunes kann alle doppelten Titel in der Bibliothek anzeigen.

Sterne vergeben

In iTunes können Sie Musik mit Sternen bewerten. Sie können maximal fünf Sterne nach Herzenslust vergeben. In der Spalte **Meine Wertung** fügen Sie Sterne mit dem Mauszeiger hinzu, indem Sie in die entsprechenden Punkte klicken. Sterne sind äußerst praktisch, wenn Sie intelligente Wiedergabelisten erstellen oder die Party-Jukebox verwenden (siehe Seite 96).

Auch auf Ihrem iPod können Sie mit der Vergabe von Sternen fortfahren. Während der Wiedergabe eines Titels, den Sie beurteilen möchten, drücken Sie so oft die mittlere Taste, bis fünf Pünktchen im Display erscheinen. Drehen Sie dann das Click Wheel, um dem Titel Sterne zuzuweisen.

Geben Sie einem Titel Sterne, indem Sie in der Spalte **Meine Wertung** auf das entsprechende Pünktchen klicken.

Dank der Bewertung können Sie sehr einfach eine intelligente Wiedergabeliste erstellen, siehe dazu Seite 89.

Backup der Musikbibliothek

Eigentlich sollte jeder von Zeit zu Zeit ein Backup anfertigen. Häufig haben Sie keine Vorstellung davon, wie viele wertvolle Dateien sich auf Ihrem Computer befinden. Eine Katastrophe, wenn die Festplatte kaputt geht und alle Dateien unlesbar sind, was häufiger vorkommt, als Sie denken. Führen Sie daher regelmäßig ein Backup durch, was einen Haufen Elend ersparen kann.

Sie können Ihre Fotos, Videos und Musik in iTunes einfach sichern. Wählen Sie **Ablage/Auf Sicherungsmedium sichern** (M) bzw. **Datei/Sicherheitskopie auf Speichermedium** (W). Sie haben nun die Wahl, ob Sie eine Kopie der gesamten Bibliothek oder nur die im iTunes Store gekauften Artikel sichern möchten.

Zudem können Sie markieren, dass nur die seit der letzten Sicherung geänderten Artikel gespeichert werden, was sehr praktisch und zeitsparend ist, wenn Sie zu einem früheren Zeitpunkt bereits eine Sicherung durchgeführt haben.

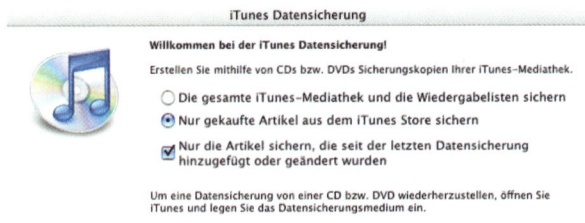

Erstellen Sie regelmäßig eine Sicherungskopie von den Daten in iTunes.

Der Computer fordert Sie nun auf, einen DVD-Rohling einzulegen. Das ist ein relativ günstiges und sicheres Medium für eine Datensicherung. Ist Ihre Musiksammlung größer als 4,7 GB (das ist die Speicherkapazität einer DVD), werden Sie nach einiger Zeit aufgefordert, einen weiteren Rohling einzulegen.

Auf eine externe Festplatte

Sie können auch auf andere Art ein Backup durchführen. iTunes kopiert alle Musikdateien in einen Ordner auf Ihrem Computer, den Sie unter **[Benutzername]/Musik/iTunes** (M+W) finden. Kopieren Sie den Ordner mit dem Namen **iTunes** z.B. auf eine (externe) Festplatte, haben Sie eine perfekte Datensicherung. Erstellen Sie Sicherheitskopien immer auf einem anderen Speichermedium, wie z.B. einer anderen Festplatte. Ein Backup auf derselben Festplatte hat wenig Sinn.

Hilfe! Wo ist meine Musik?

Es kann natürlich passieren, dass auf Ihrem Computer etwas schiefgeht. Mitunter kann schon ein Stromausfall für Probleme sorgen. Sollte es vorkommen, dass iTunes beim Starten keine Musik mehr findet, geraten Sie nicht in Panik. Beenden Sie iTunes und rufen Sie den iTunes-Ordner auf, wahrscheinlich unter

~/Musik/iTunes (M+W). Löschen Sie die Dateien **iTunes Library.itl** und **iTunes Music Library.xml**. Kopieren Sie die Datensicherungen dieser Dateien zurück in diesen Ordner und starten Sie iTunes erneut.

Haben Sie keine Sicherheitskopien dieser Dateien, müssen Sie nachsehen, ob sich Ihre Musik noch im iTunes-Ordner befindet. Ist das der Fall, löschen Sie alle Library-Dateien aus dem iTunes-Ordner, nicht jedoch den Ordner mit der Musik selbst (iTunesMusic). Starten Sie iTunes erneut und wählen Sie **Ablage/Zur Bibliothek hinzufügen** (M) bzw. **Datei/Datei zur Bibliothek hinzufügen** (W) und wählen Sie den Ordner **iTunes Music**. Leider sind damit alle Wiedergabelisten und Bewertungen verloren, aber die Titel bleiben erhalten.

Hörbücher

Im iTunes Store werden auch Hörbücher angeboten, so dass Sie Ihre Lieblingsbücher auch auf dem iPod anhören können. Klicken Sie im iTunes Store links oben auf **Hörbücher**, um die verfügbaren Kategorien und Titel anzuzeigen. Suchen Sie alternativ bei Google oder auf der Website von Audible (www.audible.de), dem größten Online-Vertrieb von Hörbüchern, nach interessanten Titeln.

Eine Textdatei aus einer Titelliste erstellen

Möchten Sie alle Titel der Bibliothek oder einer bestimmte Wiedergabeliste als Liste anzeigen, die Sie z.B. drucken können? Oder eine Liste Ihrer Lieblingstitel auf Ihre Website stellen? In iTunes ist es problemlos möglich, die Titel in der Liste zu drucken oder in eine andere Textdatei zu exportieren.

Wählen Sie die Wiedergabeliste (oder die gesamte Bibliothek) und **Ablage/Exportieren** (M) bzw. **Datei/Exportieren** (W). Wählen Sie einen Speicherort für die Datei. Sie können z.B. die Titel als XML-Datei exportieren. Diese Art von Datei können Sie auf einer Website nutzen.

Möchten Sie eine Liste drucken, wählen Sie **Ablage/Drucken** (M) bzw. **Datei/Drucken** (W) und im Fenster **Musik drucken** die Option **Liste der Titel**. iTunes druckt daraufhin eine Liste aller Titel einer Wiedergabeliste bzw. der Bibliothek. Solche Listen eignen sich gut, um die Übersicht über Ihre Bestände zu behalten.

Bosshoss
20 Titel, 1,1 Stunden, 68,8 MB

Titelname	Dauer	Album	Interpret
A Little Les Conversation	3:08	Internashville Urban Hymns	The Bosshoss
Hey Joe	4:00	Internashville Urban Hymns	The Bosshoss
Unbelievable	3:30	Internashville Urban Hymns	The Bosshoss
Word Up	4:10	Internashville Urban Hymns	The Bosshoss
Intro 1	0:23	Rodeo Radio	The Bosshoss
Rodeo Radio	2:47	Rodeo Radio	The Bosshoss
Ring Ring Ring	3:18	Rodeo Radio	The Bosshoss
My Favourite Game	3:33	Rodeo Radio	The Bosshoss
I Say a Little Prayer (Single Version)	2:57	Rodeo Radio	The Bosshoss
I'm On a High	3:07	Rodeo Radio	The Bosshoss
Hell Yeah (Single Version)	2:42	Rodeo Radio	The Bosshoss
Hot Stuff	3:31	Rodeo Radio	The Bosshoss
Rodeo Queen	3:45	Rodeo Radio	The Bosshoss
It's Not Unusual	2:43	Rodeo Radio	The Bosshoss
Shake a Leg	3:56	Rodeo Radio	The Bosshoss
Mary Marry Me	4:47	Rodeo Radio	The Bosshoss
Jesus' Built My Hotrod	3:32	Rodeo Radio	The Bosshoss
Upside Down	3:31	Rodeo Radio	The Bosshoss
Ça plane pour moi	3:24	Rodeo Radio	The Bosshoss
You'll Never Walk Alone (Yodle Blu...	7:21	Rodeo Radio	The Bosshoss

Tipps für den iPod

Der iPod ist inzwischen so beliebt, dass immer mehr Informationen über dieses wunderbare Gerät verfügbar sind. Es gibt jedoch auch häufige Fragen, auf die Sie weniger leicht eine Antwort finden. Natürlich dürfen solche Fragen in diesem Buch nicht fehlen, darum finden Sie hier alle Tipps und Tricks für den iPod.

Der Akku

Der iPod hat einen eingebauten Akku. In dem Maße, wie der iPod altert, kann die Leistung des Akkus abnehmen. Sie können den iPod dann immer kürzer benutzen, bis Sie ihn wieder aufladen müssen. Früher war das Auswechseln des Akkus eine kostspielige Angelegenheit. Glücklicherweise ist der iPod jedoch ein Massenprodukt geworden, so dass ein neuer Akku heute für ca. 20 Euro zu haben ist. Sie können einen Akku im Internet bestellen oder in einem Apple-Store in der Nähe kaufen. Wenn Sie geschickt sind, können Sie den Akku sogar selbst austauschen. Einige Apple-Händler haben eine eigene Werkstatt, die den Akku gegen einen geringen Aufpreis für Sie einsetzen. Das hat den großen Vorteil, dass Ihr iPod nicht eingeschickt werden muss und Sie ihn daher schneller zurückbekommen.

Am besten lassen Sie den Akku von Zeit zu Zeit vollkommen entladen und laden ihn anschließend komplett auf. Es ist sehr ungünstig, den iPod nach Abschluss des Ladevorgangs zu lange am Ladegerät zu lassen.

Noch länger iPod hören

Die Beschreibungen der iPods geben immer eine längere Laufzeit an, als in der Praxis zu erzielen ist. Die Spielzeit Ihres iPod verlängert sich, wenn Sie die Beleuchtung ausschalten. Zudem sollten Sie den Equalizer besser nicht verwenden, da auch dieser zusätzlich Strom verbraucht. Interpreten oder Bands gehen ohnehin nicht davon aus, dass Sie den Klang verändern.

iPod als Festplatte

Viele fragen sich, warum sie einen 80 GB iPod wählen sollten. Auf der Apple-Website ist zu lesen, dass darauf etwa 20.000 Titel gespeichert werden können, was unglaublich viel ist. Sie können den iPod jedoch nicht nur zum Speichern von Songs benutzen. Ihr iPod ist nämlich eine Festplatte, auf der Sie auch andere Daten speichern können. Wenn Sie noch Platz auf Ihrem iPod übrig haben, können Sie wichtige Dokumente als Datensicherung auf dem iPod speichern. Möchten Sie Daten zwischen Computern austauschen, lässt sich das natürlich auch mit einem iPod bewerkstelligen. Sie können z.B. einfach Dateien von zu Hause mit zur Arbeit nehmen und umgekehrt. Ihr iPod ist eine tragbare Festplatte. Um ihn als solche nutzen zu können, müssen Sie die entsprechende Einstellung in iTunes vornehmen.

1. Schließen Sie den iPod mit dem mitgelieferten Kabel an den Computer an.

2. Klicken Sie in der Liste **Quelle** auf das Symbol des iPod.

3. Klicken Sie in den Tab **Übersicht**.

4. Markieren Sie das Feld **Verwendung als Volume** aktivieren.

Von jetzt an sehen Sie den iPod auch auf dem Schreibtisch. Doppelklicken Sie auf das iPod-Symbol, sehen Sie alle Dokumente, die auf dem iPod gespeichert sind. Es ist wichtig, den iPod immer zuerst auszuwerfen, bevor Sie das Kabel herausziehen. Tun Sie das nicht, kann der iPod bleibenden Schaden erleiden. Klicken Sie also vor dem Trennen auf das Symbol **Auswerfen**. Ist das iPod-Symbol von Ihrem Schreibtisch verschwunden, ist der iPod ausgeworfen und kann abgelöst werden.

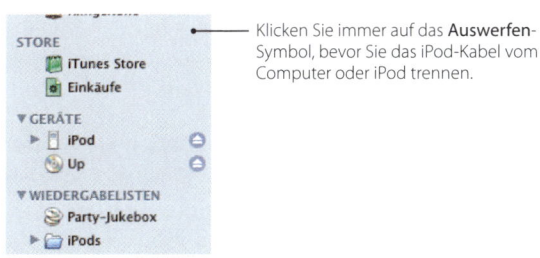

Klicken Sie immer auf das **Auswerfen**-Symbol, bevor Sie das iPod-Kabel vom Computer oder iPod trennen.

Musik kopieren

Mit iTunes können Sie sämtliche Musik von Ihrem Computer auf den iPod übertragen, jedoch nicht vom iPod auf Ihren Computer kopieren. Das ist bewusst so eingerichtet, weil Musik nicht beliebig unerlaubt kopiert werden darf. Da Musik nur vom Computer auf den iPod kopiert werden kann, soll dies einigermaßen gewährleistet werden. Ansonsten wäre es sehr einfach, alle Titel vom iPod eines anderen zu kopieren.

Technisch gesehen ist es dennoch möglich. Im Internet findet man diverse Programme, mit denen sich die Musik von einem iPod auf einen Computer übertragen lässt. Das kann sehr praktisch sein, wenn z.B. Ihr Computer abgestürzt ist und sich Ihre Musik nur noch auf dem iPod befindet. Die folgenden Programme wurden für den Mac geschrieben:

- iPod -> Folder

- iPodRip

- Escape Pod

- PodWorks

Für den PC sind folgende Programme verfügbar:

- **iPod->Folder**

- **iPodRip Win**

- **PodUtil**

Um diese Programme aus dem Internet herunterzuladen, besuchen Sie am besten die Website von Versiontracker (http://www.versiontracker.com). Schön, dass fast alle Programme *Freeware* und somit kostenlos verfügbar sind.

iTunes updaten

Technische Entwicklungen folgen in rasantem Tempo aufeinander. Software ist genauso Veränderungen unterworfen, was auch für iTunes gilt. Ständig kommen neue Funktionen hinzu oder werden alte verbessert. Während des Schreibens dieses Buchs war iTunes 7.2 die neueste Version. Es erscheinen jedoch immer neue Updates. Sie können die jeweils neueste iTunes-Version jederzeit kostenlos von der Apple-Website herunterladen. Besuchen Sie dazu www.apple.com/de und klicken Sie auf der Webseite oben auf den Tab **iPod + iTunes**.

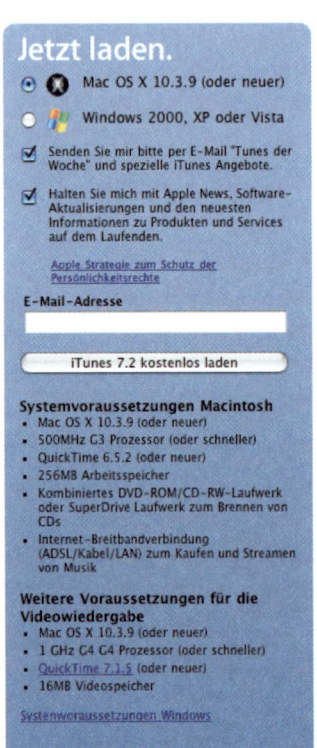

Folgen Sie dann dem Link **Laden Sie iTunes**. Bevor Sie mit dem Herunterladen beginnen können, werden Sie nach Ihrer E-Mail-Adresse gefragt, die Sie eintragen müssen. Möchten Sie keine E-Mails von Apple erhalten, müssen Sie die Markierung beider Felder entfernen, bevor Sie fortfahren.

Außerdem müssen Sie hier angeben, ob Sie einen PC (also Windows) oder einen Mac (Apple Mac OS X) haben. Klicken Sie anschließend auf **iTunes kostenlos laden**. Ist der Download abgeschlossen, wird iTunes installiert und gestartet.

Für Mac-Benutzer ist es noch viel einfacher, sie können automatisch kontrollieren, ob eine neuere iTunes-Version verfügbar ist. Hierzu wird allerdings eine Internetverbindung benötigt. Klicken Sie links oben in der Menüleiste in das blaue Apple-Logo und wählen Sie **Software-Aktualisierung**. Der Computer sucht dann im Internet nach den neuesten Versionen der installierten Software, u.a. auch iTunes. Klicken Sie auf **Objekt(e) installieren**, wenn eine neue Version verfügbar ist.

Firmware updaten

Ebenso wie ein Computer Software verwendet, arbeitet auch ein iPod mit Software. Versuchen Sie immer, die neueste Version von iTunes zu installieren, da damit nicht nur die neueste iTunes-Version auf Ihren Computer, sondern gleichzeitig auch die spezielle Software für Ihren iPod heruntergeladen wird. Diese wird auch *Firmware* genannt.

Es empfiehlt sich, die Firmware des iPod regelmäßig upzudaten. Dazu müssen Sie nur die neueste iTunes-Version herunterladen und installieren. Sobald Sie den iPod mithilfe eines Kabels anschließen, wird auch der iPod mit der neuesten Software versehen.

Die Firmware des iPod überprüfen:

1. Wählen Sie aus dem Hauptmenü auf dem iPod den Eintrag **Einstellungen**.

2. Wählen Sie **Über**.

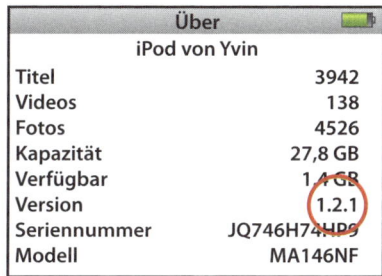

Die aktuelle Version der Firmware auf dem iPod

Sie sehen allerlei Daten zu Ihrem iPod, darunter die **Version**. Auf der Apple-Website finden Sie die neueste Firmware-Version. Sollte eine neuere Version verfügbar sein, lohnt es sich, diese herunterzuladen (siehe Seite 150).

Die Informationen in iTunes, sobald der iPod angeschlossen ist

Auch im Übersichtsfenster finden Sie die Informationen über Ihre iPod Firmware. Von hier aus können Sie die Firmware auch aktualisieren oder wiederherstellen. Weitere Informationen zum Übersichtsfenster finden Sie auf Seite 51.

⊙ Probleme lösen

Zurücksetzen

Gelegentlich wird sich Ihr iPod aufhängen. Meistens reagiert er dann gar nicht mehr. Sie müssen sich jedoch keine Sorgen machen, denn der iPod ist nicht kaputt. Sie müssen ihn nur zurücksetzen. Schieben Sie dazu den **Hold**-Schalter einmal hin und her und halten Sie dann gleichzeitig die Taste **Menu** und die Mitteltaste für mindestens sechs Sekunden gedrückt (der iPod darf natürlich nicht auf **Hold** stehen). Der iPod startet daraufhin neu. Es dauert eine Weile, bis das Menü erscheint.

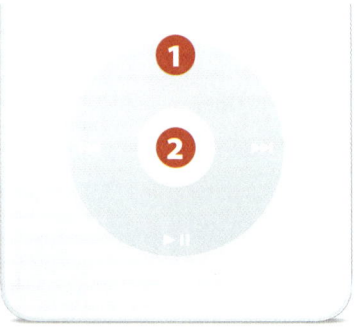

Drücken Sie einige Sekunden gleichzeitig auf die **Menu-** ① und die **Mitteltaste** ②. Lassen Sie los, sobald das Apple-Logo im Display erscheint.

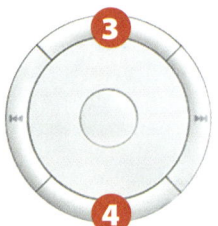

Besitzen Sie einen iPod der ersten oder zweiten Generation, drücken Sie die Tasten **Menu** ③ und **Wiedergabe/Pause** ④, um den iPod zurückzusetzen.

Verwenden Sie die Tasten **Menu** ⑤ und **Wiedergabe/Pause** ⑥ auf iPods der dritten Generation, um diese zurückzusetzen.

Ein iPod shuffle wird bei jedem Ausschalten zurückgesetzt. Schieben Sie den Schalter auf **Off** und anschließend auf **On**. Das gilt auch für den iPod shuffle der ersten Generation.

Der Akku

Häufig klagen iPod-Benutzer darüber, dass der Akku schnell leer ist. Zugegeben, der Akku bleibt immer der Schwachpunkt des iPod. Das gilt besonders für die älteren Modelle. Der iPod mini der ersten und der iPod der dritten Generation waren mit einem weniger guten Akku ausgestattet. Heutzutage besitzen die iPods Akkus, die mehr Strom liefern und daher länger halten. Wenn Sie bemerken, dass sich Ihr Akku immer schneller entlädt, kann dieses Problem auf verschiedene Arten gelöst werden.

Häufig scheint ein Austausch des Akkus die Lösung zu sein, was jedoch nicht immer nötig ist. Es kann nämlich auch an der Firmware des iPod liegen. Aufgrund eines Softwarefehlers gibt der iPod dann an, dass der Akku leer ist und schaltet sich selbst aus, während dies tatsächlich nicht der Fall ist. Bevor Sie den Akku austauschen, sollten Sie daher immer die Firmware aktualisieren. Bringt die neue Firmware keine Besserung, kann der Akku erneuert werden, was zunehmend preiswerter wird. Der Akku selbst kostet rund zwanzig Euro und mit einigermaßen technischer Begabung und Geschick bauen Sie diesen selber ein.

Hilfe! Ich sehe ein trauriges Gesicht!

Wenn Ihr iPod ein trauriges Gesicht macht, bedeutet das meist nichts Gutes. Die Wahrscheinlichkeit, dass die Festplatte, eines der wichtigsten Bauteile, kaputt ist, ist nämlich ziemlich groß. Wenn Sie gut hinhören (legen Sie den iPod an Ihr Ohr), können Sie die Festplatte manchmal klappern hören. Bei normalem Gebrauch geht die Festplatte selten kaputt. Meistens liegt es daran, dass der iPod heruntergefallen ist. Ist der iPod nicht mehr innerhalb der Garantie, lohnt es sich oft nicht, den iPod mit einer neuen Festplatte auszustatten. In Anbetracht der hohen Kosten einer neuen Festplatte und den zusätzlichen Kosten für den Austausch ist es häufig günstiger, einen neuen iPod zu kaufen.

Ein traurig blickender iPod bedeutet meist nichts Gutes.

Hilfe! Ich sehe einen Ordner mit einem Ausrufezeichen!

Wenn der iPod keine Software hat, erscheint das Symbol eines Ordners mit einem Ausrufezeichen im Display. Während der iPod an den Computer angeschlossen war, ist möglicherweise die Software versehentlich gelöscht oder die Festplatte formatiert worden. Der iPod muss dann mithilfe eines Computers wieder mit neuer Firmware (Software) versehen werden. Laden Sie dazu die neueste Version von iTunes von www.apple.com/de/itunes herunter.

Der Ordner mit Ausrufezeichen zeigt wahrscheinlich an, dass der iPod versehentlich formatiert wurde.

1. Schließen Sie den iPod mit dem mitgelieferten Kabel an den Computer an.

2. Wählen Sie den iPod in der Liste **Quelle** in iTunes.

3. Klicken Sie im Übersichtsfenster des iPod auf **Wiederherstellen**. Der iPod wird daraufhin neu formatiert und mit der neuesten Software versehen, was eine Weile dauern kann. Folgen Sie den Anweisungen auf dem Bildschirm.

Achtung: Beim Wiederherstellen eines iPod werden alle Daten vom iPod gelöscht!

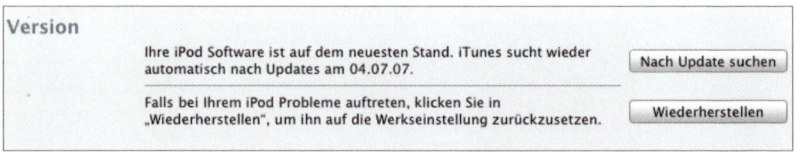

Im Übersichtsfenster des iPod können Sie die Software des iPod wiederherstellen.

Sie dürfen den iPod nicht trennen, solange es auf dem Computer und iPod noch nicht angegeben wird. Tun Sie es trotzdem, riskieren Sie irreparable Schäden an der Festplatte oder Software des iPod. Klicken Sie in **Nach Update suchen**, bevor Sie die Firmware aktualisieren. Auch hier gilt, dass der iPod nicht getrennt werden darf, bevor dies angezeigt wird. Weitere Informationen zum Aktualisieren der Firmware finden Sie in diesem Kapitel im Abschnitt „iTunes updaten" auf Seite 146.

9

Zubehör

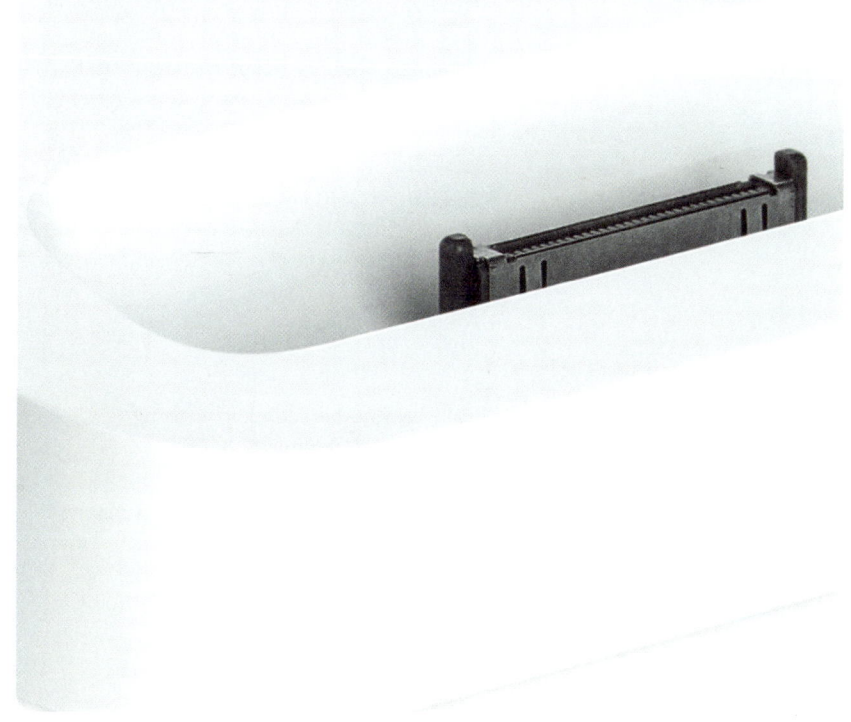

Für den iPod sind zahlreiche verschiedenartige Zuberhörteile erhältlich. Denn oft bleibt es nicht beim iPod allein. Viele Hersteller reagieren auf den Erfolg des iPod und bieten eigenes Zubehör an. Da die Auswahl an Accessoires so groß ist, behandeln wir in diesem Buch nur die praktischsten, schönsten und auffälligsten Zubehörteile.

Apple USB-Adapter

Es macht heute keinen Unterschied mehr, ob Sie den teuersten oder preiswertesten iPod kaufen: Der Adapter, mit dem Sie den iPod einfach an der Steckdose aufladen können, wird nicht mehr mitgeliefert. Seit Ende 2006 hat Apple die Ladegeräte durch noch kleinere ersetzt. Beim Kauf der iPods ist ein USB-Kabel im Lieferumfang enthalten. Der iPod wird geladen, indem er mithilfe dieses Kabels an den Computer angeschlossen wird.

Wenn der iPod intensiv genutzt wird, sollten Sie einen Adapter anschaffen. Hiermit können Sie den iPod an jeder Steckdose aufladen. Abgesehen davon, dass Sie unabhängig vom Computer sind, erfolgt der Ladevorgang auch schneller als am Computer. Es ist sowohl ein Apple USB-Adapter sowie ein FireWire-Adapter auf dem Markt erhältlich. Das mit dem iPod ausgelieferte USB- oder FireWire-Kabel (abhängig von Ihrem iPod-Modell) wird zum Anschließen des iPod an den Adapter verwendet.

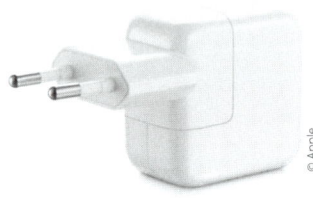

© Apple

Der Apple USB-Adapter

Die neuen iPods werden alle mit einem USB-Kabel ausgeliefert. Nur wenn Sie einen älteren iPod haben, müssen Sie einen FireWire-Adapter kaufen. Lassen Sie sich beim Apple-Händler beraten, so dass Sie sicher sein können, den richtigen Adapter zu kaufen. Apple-Adapter können weltweit eingesetzt werden. Das heißt, dass sie sich automatisch an die Netzspannung anpassen. Je nach Land schieben Sie einfach den passenden Stecker (separat erhältlich) auf den Adapter. Zusätzliche Stecker sind einzeln erhältlich.

XtremeMac Micromemo

Mit dem iPod können Sie nicht nur Musik wiedergeben, sondern auch aufnehmen. Das Micromemo wurde speziell für den iPod video entwickelt. Indem Sie dieses kleine Gerät unter den iPod klicken, können Sie in CD-Qualität aufnehmen. Dank seiner großen Festplatte können Sie zudem sehr lange Aufnahmen machen, ohne je wieder ein Band auswechseln zu müssen. Alle Aufnahmen werden mit Datum und Uhrzeit gespeichert. Die Aufnahmen landen in einer neuen Wiedergabeliste, die bei der ersten Aufnahme automatisch angelegt wird. So finden Sie jederzeit einfach Ihre gerade aufgenommenen Dateien wieder. Wenn

Sie den iPod mit dem Computer verbinden, können Sie die Aufnahmen auch auf dem Computer speichern. Das mitgelieferte Mikrofon hat eine gute Qualität. Wenn Sie jedoch sehr kritisch sind und beispielsweise eine gute Aufnahme von einem Musikinstrument machen möchten, können Sie immer noch ein separates (externes) Mikrofon anschließen. Das XtremeMac Micromemo kostet um die fünfzig Euro und ist in Schwarz und Weiß erhältlich.

Für große iPods ohne Videofunktion sind andere Auf-nahmegeräte erhältlich. In CD-Qualität können Sie aller-dings nur mit dem iPod video aufnehmen. Wenn Sie einen älteren iPod besitzen, können Sie mithilfe eines Aufnahmegeräts im mp3-Format aufnehmen. Auf iPods der fünften und dem iPod nano der ersten Generation lassen sich leider keine Aufnahmen machen.

Nehmen Sie Interviews einfach mit dem Micromemo auf.

Sport mit dem iPod

Ein iPod kann bestens beim Sport eingesetzt werden. Besonders die kleineren iPods wie der iPod nano und shuffle sind gut geeignet, weil sie bei Erschütterungen nicht springen. Apple ging eine Partnerschaft mit dem Sportartikelhersteller Nike ein. Nike entwickelte Sportschuhe mit einem kleinen eingebauten Sensor, der drahtlos mit einem kleinen Gerät kommuniziert, das Sie unter den iPod nano klicken. So können Sie auf dem iPod nano Informationen zu Ihrem Trainings-programm anzeigen. Wieder zu Hause können Sie die Informationen in aller Ruhe analysieren. Sobald Sie den iPod nano anschließen, werden automatisch alle Informationen auf Ihren Computer kopiert. Einzigartig ist, dass während des Trainings eine Stimme mit Ihnen spricht. Dadurch wissen Sie genau, welche Distanz Sie noch zurücklegen oder wie lange Sie noch laufen müssen. Übrigens gibt es hierzu auch ein Buch: „Nike + iPod", Markt+Technik, 2007.

Die von Nike entwickelten Laufschuhe für die Kommunikation mit Ihrem iPod nano.

Schutz

Natürlich versuchen Sie, vorsichtig mit Ihrem iPod umzugehen. Für den perfekten Schutz sind verschiedene Hüllen auf dem Markt, deren Gebrauch bei manchen Modellen wichtiger ist als bei anderen. Die iPods der fünften Generation (video) sind bekannt dafür, dass sie leicht verkratzen. Dasselbe gilt für den iPod nano der ersten Generation, der an der silbernen Rückseite zu erkennen ist. Dieses Modell verkratzte so leicht, dass Apple in Amerika wegen der Auslieferung eines untauglichen Produkts verklagt wurde. Apple hat diesen Fehler mehr oder weniger zugegeben, denn seitdem wird eine kostenlose Hülle mitgeliefert. Bei der Entwicklung der zweiten Generation hat Apple die Oberfläche deutlich verbessert. Das Gehäuse ist jetzt aus Metall statt aus Kunststoff und verkratzt dadurch kaum noch.

Eine Hülle ist jedoch vor allem beim Sport praktisch, für die meisten Modelle sind spezielle Sporthüllen erhältlich. Da es so viele verschiedene Modelle gibt, empfehlen wir, einen Apple-Händler zu besuchen und sich dort zu informieren.

Den iPod an die Stereoanlage anschließen

Jeder iPod kann an eine Stereoanlage angeschlossen werden. Hierfür benötigen Sie lediglich ein Miniklinke-auf-Cinch-Kabel, das für fast jede Stereoanlage ausreicht. Schließen Sie die Miniklinke dort an, wo normalerweise der Kopfhörer sitzt. Es ist wichtig, die Lautstärke des iPod so hoch wie möglich einzustellen, damit Sie die Lautstärke der Stereoanlage nicht so weit aufdrehen müssen. Jeder europäische iPod hat eine Lautstärkebegrenzung, so dass Sie Ihrem Gehör nicht schaden können. Daher wird die Lautstärke, die zur Anlage weitergeleitet wird, nie sehr hoch sein. Auch wenn Sie die Lautstärke Ihres iPod erhöhen, wird die Klangqualität nie besonders gut sein.

Es ist daher am besten, ein Dock zu verwenden. Ein Dock ist eine Art Halterung, in die der iPod gestellt wird. Mit dem Dock können Sie den iPod laden, aber eben auch an eine Stereoanlage anschließen. An der Rückseite des Dock befindet sich nämlich ein Audioausgang (line-out). Der Anschluss sieht genauso aus, wie der an der Oberkante des iPod. Der einzige Unterschied ist, dass Sie nichts mit der Lautstärkebegrenzung zu tun haben. Der Audioausgang gibt immer den besten Klang so laut wie möglich an die Stereoanlage weiter. Sie müssen daher die Lautstärke der Stereoanlage nicht erhöhen.

Das Dock ist in verschiedenen Größen erhältlich. Das Universal Dock von Apple kann mithilfe verschiedener Aufsätze fast jeden iPod aufnehmen. Wenn Sie ein für Ihr iPod-Modell unpassendes Dock verwenden, entsteht möglicherweise ein Spielraum, wodurch der Dock-Anschluss Schaden nehmen kann. Achten Sie daher immer darauf, das zu Ihrem iPod passende Dock zu verwenden. Wenn Sie Ihren iPod versehentlich in ein anderes Dock setzen und bemerken, dass dieser nicht fest sitzt, passen Sie auf, nicht zu fest darauf zu drücken.

Das Dock, in das Sie den iPod stellen können, um ihn bequem zu laden und an eine Stereoanlage anzuschließen. Oben sehen Sie die Anschlüsse auf der Oberseite des Dock.

Apple AV-Kabel

Der iPod photo oder der iPod der fünften Generation (im Volksmund iPod video genannt) kann an ein Fernsehgerät angeschlossen werden, um Fotos oder Filme vorzuführen. Sie benötigen hierzu ein Apple AV-Kabel, das an den Kopfhöreranschluss passt. Am anderen Ende des Kabels befinden sich drei Stecker, die Sie an Ihr Fernsehgerät anschließen.

Fernbedienung

Es sind zwei verschiedene Typen von Fernbedienungen erhältlich, eine, die in das Kopfhörerkabel integriert ist, und eine drahtlose Fernbedienung. Die in das Kopfhörerkabel integrierte Fernbedienung ist vor allem praktisch für unterwegs. Sie können dann z.B. schnell zum folgenden Titel springen oder die Lautstärke ändern, ohne den iPod aus der Tasche zu holen. Die drahtlose Fernbedienung ist praktisch, wenn der iPod an eine Stereoanlage angeschlossen ist. Sie können dann von Ihrem Sessel aus den iPod bedienen. Auch diese Fernbedienung ist in verschiedenen Ausführungen erhältlich.

Apple Radio Remote

Manchmal ist es lästig, den iPod aus der Tasche zu holen, wenn Sie ihn bedienen möchten, z.B. beim Spaziergang. Speziell für diejenigen, die den iPod überall einfach bedienen können möchten, hat Apple die Radio Remote für den iPod video und nano herausgebracht. Das ist eine Fernbedienung, die in das Kabel des Kopfhörers integriert ist und die am häufigsten gebrauchten Funktionen enthält. Dazu kommt, dass in der Fernbedienung ein Radioempfänger eingebaut ist. So können Sie nicht nur die Musik von Ihrem Computer hören, sondern auch herkömmliche Radiosender. Nie zuvor war es möglich, auf dem iPod Radio zu hören. Hier hatten einige Konkurrenten die Nase vorn, was nun der Vergangenheit angehört.

Die Apple Remote

Auch Apple hat den Erfolg drahtloser Fernbedienungen erkannt und eine eigene Fernbedienung herausgebracht, die in Kombination mit dem Universal Dock funktioniert. In dieses Dock ist eine Infrarotschnittstelle eingebaut. Die Apple Remote hat den Vorteil, dass sie sehr flach ist, sie ist aber leider nur mit dem Universal Dock zu verwenden. Merkwürdig ist, dass die Menütaste auf der Fernbedienung nicht funktioniert. Diese funktioniert nur, wenn die Fernbedienung mit einem Apple-Computer verwendet wird, dessen Fernbedienung identisch ist.

Das Stereo Connection Kit

Möchten Sie eine Komplettlösung für den Anschluss des iPod an Ihr Fernseh-gerät oder Ihre Stereoanlage? Dann ist das Stereo Connection Kit vielleicht etwas für Sie. In diesem Paket finden Sie alles, was Sie dafür benötigen. Sie sind für jeden Fall gerüstet. Dieses Paket enthält die Apple Remote, ein Apple AV-Kabel, ein Apple Universal Dock, einen USB Dock-Connector sowie ein Apple USB-Ladegerät.

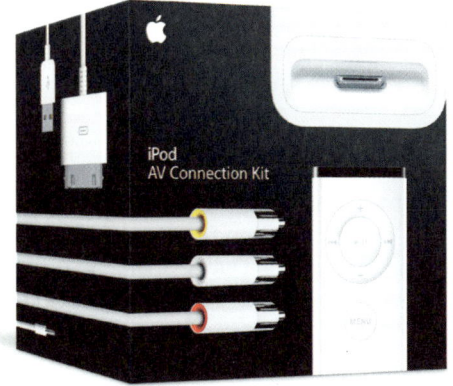

Alle Teile für das Anschließen an die Stereoanlage oder den Fern-seher in einem praktischen Paket

Lautsprecher

Wenn Sie keine Stereoanlage besitzen, können Sie auch Lautsprecher kaufen, die speziell für den iPod entwickelt wurden. Das sind meist Lautsprecher, die man bequem mitnehmen und von daher auf Reisen oder zu Hause einsetzen kann.

JBL On Stage II

JBL hält mit dem On Stage II eine Erfolgsformel in Händen. Der bekannte Laut-sprecherhersteller hat damit einen Nachfolger des früheren On Stage herausgebracht. Wenn Sie ein kleines, einfach mitzunehmendes Soundsystem suchen, ist der JBL On Stage II zu empfehlen. Trotz seiner kleinen Abmessungen klingt er sehr gut. Das Äußere des neuen On Stage II wurde optimiert, zudem wird er jetzt mit einer Fernbedienung ausgeliefert. Er hat einen runden Lautsprecher, der jeden iPod mit Dock-Anschluss aufnimmt. Der iPod wird dabei gleichzeitig geladen. Der einzige Nachteil ist, dass er nur mit einem Adapter verwendet werden kann. Es gibt kein Fach für Batterien, falls Sie ohne Stromversorgung sind. Der Lautsprecher ist perfekt für das Schlafzimmer oder einen anderen kleineren Raum geeignet, wo die Musik nicht sehr laut sein soll.

Der OnStage II von JBL. Schön kompakt.

Um die Nachfrage nach einem tragbaren Lautsprecher mit Batterien zu befriedigen, stellt JBL auch das On Stage micro her. Dieses ist kleiner und dadurch leicht mitzunehmen. Da es mit Batterien läuft, ist es perfekt für Reisen geeignet. Ein schöner Nebeneffekt ist, dass auch hier eine Fernbedienung mitgeliefert wird.

Bose Sounddock

Das Bose Sounddock ist ein sehr schön gestaltetes System, das das Zeug dazu hat, eine Stereoanlage in die Abstellkammer zu verbannen. Die Lautsprecher klingen selbst bei lauter Wiedergabe noch sehr gut. Das Bose Sounddock wird mit einer sehr flachen Fernbedienung geliefert, die einer Kreditkarte ähnelt. Hiermit können die wichtigsten Funktionen des iPod bedient werden. Der Nachteil ist, dass dieses System nicht mit Batterien läuft.

Harman Kardon Go + Play

Die vor allem in der Hifi-Welt bekannte Marke Harman Kardon begibt sich derzeit auch erfolgreich auf den Markt der iPod-Lautsprecher. Der gewagte Entwurf des Go + Play macht es beinahe unmöglich, keine Meinung dazu zu haben. Eines ist aber sicher, er klingt sehr gut. Wir persönlich finden, dass er von den hier vorgestellten der am besten klingende Lautsprecher ist. Zudem läuft er sowohl mit Netzstrom als auch mit Batterien.

Ein schöner Entwurf und ein toller Sound

Der iPod im Auto

Im Auto ständig die CD zu wechseln oder endlos nach einem Radiosender zu suchen, der Ihre Lieblingstitel spielt, kann lästig sein. Der iPod ist in dem Fall natürlich eine tolle Lösung. Aber wie können Sie eigentlich einen iPod im Auto einsetzen? Das ist eine häufig gestellte Frage, die nicht pauschal beantwortet werden kann. Es hängt nämlich von der Anlage in Ihrem Auto ab.

Den iPod laden und Musik wiedergeben

Einen iPod im Auto aufzuladen, kann sehr praktisch sein. Denn es gibt natürlich nichts Schlimmeres als einen iPod mit leerem Akku. Ist Ihr Auto mit einem 12-Volt-Zigarettenanzünder ausgerüstet, können Sie mit einem Auto-Ladegerät jeden iPod mit Dock-Anschluss aufladen (es ist daher nicht möglich, den iPod shuffle im Auto zu laden). Verschiedene Auto-Ladegeräte sind erhältlich. Die teureren Geräte haben einen separaten Audioausgang.

Jedes Autoradio ist anders. Die neuesten Autoradios besitzen einen Anschluss, mit dem Sie die Musik von einem iPod über die Lautsprecher des Autos wiedergeben können. Dieser Anschluss heißt *line-in* oder *aux*. Bevor Sie zum Händler gehen, sollten Sie nachsehen, ob Ihr Autoradio einen solchen Anschluss hat. Sie finden diese Information in der Betriebsanleitung. Nehmen Sie diese notfalls mit in den Laden, wenn Sie nicht sicher sind.

iTrip

Wenn Sie einen CD-Player im Auto haben, gibt es leider keine dem Kassettenadapter vergleichbare Lösung. Eine Alternative stellt jedoch der iTrip dar. Dabei handelt es sich um einen FM-Sender. Indem Sie dieses Gerät mit Ihrem iPod verbinden, können Sie die Musik vom iPod auf der von Ihnen festgelegten Frequenz senden. Wenn Sie dann im Autoradio diese Frequenz einstellen, empfangen Sie die Musik von Ihrem iPod. Leider ist die Reichweite des iTrip sehr gering. Die Antenne darf nicht zu weit vom iTrip entfernt sein. Der iTrip kann praktisch sein, vor allem, weil er völlig drahtlos ist.

Der iTrip, um per FM-Signal die Musik vom iPod über die Autolautsprecher wiederzugeben

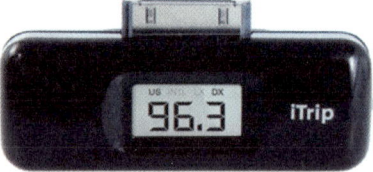

Index